AF596712

LA

FAMILLE CHRÉTIENNE

PARIS. — TYPOGRAPHIE DE CH. MEYRUEIS ET COMP.
Rue des Grès, 11, — 1857.

LA
FAMILLE CHRÉTIENNE

PAR

E. DE PRESSENSÉ

DEUXIÈME ÉDITION

PARIS
LIBRAIRIE DE CH. MEYRUEIS ET COMP., EDITEURS
RUE DE RIVOLI, 174

1857

PRÉFACE

Je n'avais pas l'intention de publier ces prédications sur la famille. Je ne l'eusse point fait si quelques-uns de ceux qui les ont entendues n'avaient pensé qu'elles pourraient être de quelque utilité en dehors du cercle auquel elles étaient tout d'abord destinées. Je suis convaincu que la prédication chrétienne perd toujours beaucoup à se refroidir sur le papier, et je ne serais point étonné que plusieurs de mes auditeurs eussent quelque peine à retrouver leur impression première en relisant ces discours privés du secours si puissant de la parole vivante et actuelle de la chaire et aussi de cette électricité sympathique des émotions communes. J'ai essayé de décrire la vie de famille au point de vue chrétien : J'en ai cherché le principe dominant, puis j'ai voulu en montrer les applications dans ses relations diverses, traitant tour à tour du mariage, de l'éducation, des rapports des enfants et des parents et de ceux des maîtres et des serviteurs. J'ai peint ensuite la famille dans les grandes circonstances de la vie humaine, dans la prospérité et dans l'affliction. J'espère que l'on reconnaîtra dans ces sujets variés l'unité d'un même principe, celui qui est à la base de la dogmatique comme de la morale, le principe de l'amour, de cet amour qui n'est pas seulement la bienveillance naturelle du cœur, mais qui procède d'une inspiration plus haute, de la charité divine qui est à la fois sa source et son type. Nous sommes transportés par là dans le domaine du surnaturel; le dévouement ne fleurit pas de lui-même sur notre terre; il a besoin d'être arrosé du sang de la croix, et la charité bien comprise est la folie de la morale chrétienne, comme le pardon de Dieu est la folie du dogme de l'Evangile. Si j'ai réussi à faire découler tous les devoirs particuliers que nous sommes tenus d'accomplir dans le sein de la famille du principe d'amour destiné à tout pénétrer en nous, ces prédications pourraient être considérées comme un chapitre de la morale chrétienne, celui qui concerne l'une de ses plus intéressantes applications. Quoi qu'il en soit, mon but sera atteint si je puis relever pour mes lecteurs l'importance de ces humbles devoirs. N'y a-t-il pas aussi une apologie indirecte du christianisme dans la démonstration de sa puissance pour imprimer non-seulement à la vie sociale en général, mais encore à la vie domestique une direction aussi salutaire pour le bonheur que pour le bien? On n'a pas tout dit à son honneur quand on a montré la femme relevée et l'esclave affranchi, c'est-à-dire la famille moderne remplaçant sous son influence la famille ancienne. La famille moderne n'est pas encore la famille chrétienne, pas plus que l'homme civilisé de nos jours avec ses notions plus pures du droit n'est le vrai disciple de Jésus-Christ. Dans ce cadre de la famille moderne il faut introduire l'esprit chrétien, et nulle œuvre n'est aujourd'hui plus opportune. Dieu veuille que ces quelques pages y contribuent pour leur part. C'est le but unique de l'auteur.

E. DE PRESSENSÉ.

Paris, 26 septembre 1856.

Je n'ai rien à ajouter à ce que j'ai dit sur le but de cette publication. La circulation rapide qu'elle a obtenue m'a prouvé que je ne me suis pas trompé en la croyant utile. Puissent ces discours, malgré leurs imperfections, déposer dans le cœur de ceux qui les liront encore quelques semences précieuses pour le temps et pour l'éternité.

E. DE PRESSENSÉ.

Paris, 15 février 1857.

LA

FAMILLE CHRÉTIENNE

PREMIER SERMON

LE PRINCIPE CHRÉTIEN DE LA FAMILLE

> Pour moi et ma maison, nous servirons l'Eternel.
> (JOSUÉ XXIV, 15.)

Mes frères,

Nous avons souvent insisté auprès de vous sur les conséquences pratiques de la foi chrétienne. Nous nous sommes appliqué constamment à faire ressortir le lien étroit qui rattache la sainteté au pardon, et nous avons trouvé dans l'amour infini du Calvaire, non-seulement le fondement de nos espérances, mais encore la loi de notre vie renouvelée. Nous avons essayé de montrer dans quelques-unes de ses plus importantes applications ce principe fécond de la morale évangélique. Je voudrais aujourd'hui être plus précis encore, et chercher avec vous de quelle manière il se réalise dans le cercle intime de la famille. C'est là qu'est le premier théâtre de votre activité. Vous y rencontrez de grands, de sérieux devoirs. On n'y sacrifie pas, comme ailleurs, à l'apparence, au besoin d'être applaudi; on y est tout simplement soi-même. La vie privée est éminemment sincère. Aussi, le moyen le plus sûr de juger un homme sans se tromper sur son compte est de savoir comment il se comporte dans son intérieur. Le mal comme le bien y ont d'incalculables conséquences. Les relations qui unissent tous les membres de la famille sont étroites; leur contact est immédiat, continuel; l'influence qu'ils peuvent exercer les uns sur les autres ne saurait se mesurer. Il est donc de la plus haute importance que le christianisme étende son action sur cette sphère de notre vie; qu'il la pénètre, l'épure et lui communique sa vertu sanctifiante. Il n'a pas manqué à cette tâche; le Nouveau Testament est évidemment entré dans beaucoup plus de détails sur la famille que sur la constitution de l'Eglise. Nous croyons donc qu'il est très utile de traiter ce sujet d'une manière approfondie, et de lui consacrer quelques prédications. Nous chercherons d'abord sur quel principe doit reposer la famille, d'après l'Evangile. Nous considérerons ensuite les applications diverses de ce principe. Nous considérerons enfin la famille dans les grandes circonstances de la vie humaine, dans les jours de bonheur et dans les jours de deuil, et nous nous demanderons comment le christianisme sanctifie nos plus vives joies et nos plus profondes souffrances. Veuille notre Dieu nous accorder de traiter ce grave et beau sujet sous son regard, avec la délicatesse et la réserve qu'il nous impose, comme aussi avec la franche liberté qui convient à la prédication évangélique.

Je n'ai pas l'intention, mes frères, de vous démontrer l'excellence de la famille et son institution divine. Jamais les doctrines qui ont essayé de l'ébranler n'ont pu accréditer leurs sophismes. La famille n'est pas seulement basée sur un commandement de Dieu, mais aussi sur les plus indestructibles sentiments de nos cœurs. Mais nous devons réfuter d'emblée une erreur dangereuse qui, à notre sens, en rabaisse l'idée. On a prétendu qu'il y avait un mérite particulier à renoncer à ses douceurs, — nous dirions plutôt à ses devoirs, — et que le plus haut point de perfection consistait à se mettre au-dessus d'elle, en quelque sorte. Nous ne saurions partager cet avis. La famille nous paraît le cadre le plus excellent pour le développement moral et religieux ; et nous ne saurions admettre qu'il y ait une condition supérieure pour nous à celle dans laquelle il a plu à Dieu de nous placer. L'homme, dans son état d'innocence, a été appelé à la relation de famille dans le jardin d'Eden. Dieu a dit dès avant la chute : « Il n'est pas bon que l'homme soit seul. » Sur quel motif s'appuierait-on pour plaider contre le Créateur lui-même la cause contraire, et comment, quand il a prononcé, oser dire encore : Il est bon que l'homme soit seul. Le grand changement survenu dans nos destinées après notre déchéance aurait-il modifié les desseins de Dieu à cet égard ? Nous ne le pensons pas. Quand le grand poëte qui a peint en si admirables couleurs l'infortune de l'homme exilé d'un paradis perdu par sa faute, nous montre Adam et Eve abordant la terre maudite, la main dans la main, et trouvant dans leur union un soulagement à leur affreux malheur, il a exprimé d'une manière sublime une grande vérité. Si la famille était nécessaire dans la patrie, elle l'est encore plus dans l'exil. Dieu n'a pas voulu nous infliger l'exil solitaire, et il nous a conservé les pures joies de la famille comme un souvenir souvent troublé, mais doux encore, d'une félicité perdue, comme une promesse pour l'avenir, et surtout comme un moyen de combattre l'effroyable corruption de notre cœur. La vie nouvelle qui nous est rendue par Jésus-Christ peut s'y développer dans toute sa beauté. S'il était vrai qu'il y eût une supériorité réelle à renoncer à la famille, tous les hommes devraient y renoncer; car l'Evangile n'admet pas deux morales, deux vies chrétiennes, deux lois de perfection. Nous sommes tous appelés à la sainteté au même titre. Notre vocation à tous est résumée dans ces grandes paroles du Fils de Dieu : « Soyez parfaits comme votre Père est parfait. »

Sans doute, chacun est appelé à réaliser la loi de sainteté dans la vocation spéciale que Dieu lui marque par les circonstances de sa vie et les devoirs qui lui sont imposés. Nous admettons sans difficulté qu'il est des hommes placés dans une situation telle qu'ils doivent renoncer aux liens de la famille. Mais nous nions qu'ils aient aucun mérite particulier : ils ont fait la volonté de Dieu, comme tout chrétien est tenu de la réaliser; mais ils ne sont, à aucun égard, supérieurs à ceux qui ont accompli la même volonté comme époux et comme père. Ce fut une grande aberration et un grand malheur pour l'Eglise chrétienne, que de se laisser entraîner, par l'influence des idées religieuses de l'Orient, à attacher au célibat une perfection qu'elle refusait à la vie de famille. C'était porter atteinte à l'unité, à la vraie spiritualité de la morale évangélique. Si l'on invoque les convenances de certaines fonctions dans l'Eglise, nous répondrons que celui qui a eu, non-seulement les joies, mais encore les souffrances de la vie de famille, saura aussi mieux compatir au deuil de ses frères affligés, et aura pour eux des paroles bien autrement sympathiques que s'il avait vécu dans la solitude.

Quand un de nos missionnaires eut perdu sa compagne sur le sol dévorant de l'Afrique, au jour des funérailles, le chef de la tribu à laquelle il avait annoncé l'Evangile lui dit solennellement au bord de la fosse ouverte : « Maintenant, tu es un homme, car tu as souffert, et tu pourras nous consoler. » Cette simple parole suffit, pour écarter toutes les chimères d'une spiritualité fausse que nous n'avons réfutée que parce que, à notre avis, elle portait une grave atteinte à la dignité de la famille. Prenons garde, sous prétexte d'une perfection exceptionnelle, de détourner nos regards de la perfection véritable, aussi simple que grande, et de ravaler contre toute raison l'une des plus belles institutions de Dieu, en en faisant en quelque sorte, le pis aller de la vie chrétienne.

Qui dira, mes frères, tous les bienfaits que la famille a reçus du christianisme? Sans doute elle peut le servir d'une manière efficace, mais elle ne saurait jamais éteindre la dette qu'elle a contractée envers lui. Déjà l'Ancien Testament l'avait garantie de sa dissolution complète, mais l'Evangile lui a seul donné ce caractère de sainteté et d'amour qui fait de ses relations diverses des types sublimes de nos relations avec Dieu et avec Jésus-Christ. La famille païenne vous est connue. A part quelques exceptions, elle était ou corrompue comme en Grèce, ou rigide jusqu'à la dureté, comme dans la Rome républicaine. Il y avait si peu d'amour réel entre le mari et la femme, que les époux qui se sont vraiment aimés sont cités par l'histoire. Le père était ou faible ou implacable. Les serviteurs étaient des esclaves, et vous savez ce que ce mot signifiait dans les langues antiques ; vous savez toutes les humiliations, toutes les cruautés, toutes les tortures qu'il rappelle. On ne retrouve dans la famille païenne ni pureté, ni amour. Au moment où vint Jésus-Christ, elle avait atteint le dernier degré de dégradation, et l'on peut appliquer à la famille elle-même ces paroles de l'Evangile : « Il est venu chercher et sauver ce qui était perdu. » La famille était perdue et comme submergée par la corruption du temps ; ses liens étaient brisés et souillés à la fois, et il ne restait plus d'elle que les passions déchaînées, jamais assouvies d'un monde livré sans frein à la chair et à ses convoitises. C'est dans cet abaissement et cet avilissement que Jésus-Christ l'a cherchée. Il l'a relevée, il l'a reconstituée ; et déjà dans l'Eglise primitive, elle nous apparaît renouvelée et sanctifiée comme tout ce que le sang de Jésus-Christ a arrosé. Depuis que le christianisme prédomine dans le monde, au moins d'une manière extérieure, il a partout imprimé à la famille un sceau de dignité ineffaçable ; mais aussi partout où le christianisme n'a exercé qu'un pouvoir nominal, de grands désordres ont éclaté. A toutes les époques, on a vu reparaître la famille païenne avec son mélange de corruption et de dureté. De tout temps on a vu, et en trop grand nombre, de ces familles qui ne sont plus que des associations de hasard, d'intérêt ou de plaisir, dans lesquelles le péché a tout altéré, tout perverti, où le lien essentiel a été rompu, où le désordre a pris pied et s'est comme légitimé. Rien de plus triste à voir que ces maisons qui ont le vice pacifiquement assis à leur foyer, et où la plus honteuse profanation est un fait accepté et devenu naturel. Quand on pense que dans tous les temps on a encouragé d'un sourire cette corruption, toutes les fois que le scandale n'a pas dépassé certaines bornes ; qu'une littérature trop goûtée a cherché à l'excuser et à lui prêter un émouvant intérêt ; que le nœud de la plupart des drames et des romans applaudis parmi nous est cette même profanation du sanctuaire domestique, on reconnaît que l'Ecriture, dans son sévère langage, n'a pas été trop loin en donnant au monde pour prince l'esprit de ténèbres et de tentation.

Après la famille décidément corrompue, nous trouvons trop fréquemment la famille purement mondaine, la famille frivole où l'on ne pense qu'au plaisir, où l'on ne sait jamais secouer les préoccupations de la vanité, où les affections les plus saintes, dépourvues de toute profondeur, s'évaporent dans la futilité. Il y a de ces maisons où une pensée sérieuse n'est entrée que lorsque la mort, comme un lugubre visiteur, en a chassé, pour un moment, la frivolité par ses réalités terribles. Mais la vie ordinaire a bientôt recommencé, bruyante, extérieure, semblable aux flots qui se referment sur un cadavre, présentent aussitôt une surface unie et brillante, et recommencent leur joyeux murmure. On ne peut parler du sanctuaire de la famille à propos de ces maisons toujours ouvertes comme des carrefours : ce sont des places publiques où tourbillonne la vie mondaine. Il est d'autres familles, plus respectables, qui, bien loin de relâcher les liens qui les unissent, les resserrent étroitement ; mais elles abritent à leur foyer l'égoïsme et l'orgueil, ces deux grands corrupteurs de l'âme humaine, et elles rentrent aussi, sous des apparences honnêtes, dans la catégorie des familles mondaines.

C'est ainsi, mes frères, que, sous des formes diverses, reparaît en plein christianisme la famille païenne qui semblait définitivement vaincue par l'Evangile. Ne l'avez-vous pas plus d'une fois retrouvée avec ses signes caractéristiques, dégradant la femme, en faisant le jouet de la volupté pour en faire bientôt sa victime, montrant pour l'enfant le dédain de tous les paganismes pour les membres faibles de l'humanité, et, par l'exploitation des inférieurs, ramenant un esclavage hypocrite presque aussi impitoyable que l'ancien? Souvent de nos jours le voile qui couvre ces hontes se déchire. La haine du mari ou le ressentiment de la femme les jette en pâture à la curiosité publique dans ces débats judiciaires qui remuent cette boue cachée sous d'honorables apparences, et alors, devant ces enfers domestiques qui se révèlent soudain, notre société polie et civilisée se prend à douter si elle a subi l'influence de dix-huit siècles de christianisme, et se demande avec épouvante si elle ne serait pas semblable en tous points au vieux monde romain, avec sa pourriture et son infamie. Elle a bien raison de se poser cette question, car elle porte dans son sein un levain de paganisme invétéré, qui n'est extirpé que par le renouvellement radical qu'amène après lui un christianisme sincère et conséquent.

Il est temps maintenant, mes frères, de chercher quel principe nous devons invoquer pour rendre à la famille sa beauté et sa dignité. Rien ne nous sera plus utile que cette recherche; car nous sommes tous tentés, à des degrés divers, de rouvrir notre cœur à cet élément païen qui se confond avec l'élément du péché, et contre lequel il faut lutter et réagir avec autant d'énergie que de persévérance.

Ce principe, mes frères, est admirablement exprimé dans notre texte : — *Moi et ma maison, nous servirons l'Eternel!* En d'autres termes, moi et ma maison, nous n'aurons d'autre but que de glorifier Dieu et de nous consacrer à lui. La destination de la famille est donc de servir Dieu. Vous avez sans doute déjà remarqué qu'au fond c'est le principe général de la vie chrétienne. Ce principe est un principe d'obéissance, d'humilité et d'amour. Le chrétien ne vit pas pour soi, il vit pour Dieu. Sa volonté n'est pas souveraine ; au contraire, il la plie, il la brise, s'il le faut, devant la volonté divine. Servir, au sens chrétien, c'est obéir dans l'humilité et dans l'amour. Ce service de Dieu n'est pas un esclavage, il se concilie avec la plus grande liberté intérieure ; mais néanmoins il implique le don de notre être entier à celui qui nous a sauvés. Ce principe général de la vie chrétienne trouve une de ses plus belles applications dans le cercle de nos plus chères affections. Là aussi nous devons servir Dieu et le servir de deux manières : *dans* la famille et *par* la famille. Développons rapidement ces deux points :

Qu'est-ce que servir Dieu dans la famille? Servir, avons-nous dit, c'est s'oublier soi-même pour se donner à Dieu, c'est perdre sa vie pour ne la retrouver qu'en Lui. Le servir dans la famille, c'est donc chercher à le glorifier par ces relations si précieuses, si douces, avant d'y chercher son propre bonheur ; c'est donner à la famille un but noble, élevé, qui soit en dehors de nous ; c'est reconnaître que, pas plus que l'individu, elle ne doit vivre pour elle-même, mais que sa fin et sa destination sont en Dieu. Il faut donc avoir bien soin de ne pas prendre la contre-partie de notre texte et de ne pas dire, dans le secret de son cœur : Je servirai ma maison avant tout !

Combien ils sont nombreux, même parmi les chrétiens de profession, ceux qui ont accepté cette devise impie et qui la pratiquent scrupuleusement ! On s'imagine être dans l'ordre parce que l'on a renoncé aux débordements du mal et que l'on cherche son plaisir dans le domaine paisible des affections domestiques. C'est une grave erreur : on perd aussi bien son âme au milieu des siens que dans le tourbillon du monde. Une foule d'hommes arrivent à la condamnation d'une manière honnête en quelque sorte, par une route régulière et avec des habitudes rangées. Car la perdition n'est pas dans telle ou telle forme de péché : elle est dans son essence, dans la séparation d'avec Dieu, dans la folie de la créature, qui cherche son centre et son but sur la terre au lieu de le placer dans Celui qui est à la fois son Créateur et son Sauveur. L'égoïsme collectif est toujours l'égoïsme, et parce qu'on préfère non pas simplement sa personne, mais sa famille à Dieu, on n'en est pas moins en dehors de l'ordre.

La famille nous procure des joies vives et légitimes ; elle a aussi ses intérêts. Enfin elle repose sur les plus tendres affections. On ne pratique sérieusement notre texte que quand on est prêt à sacrifier à Dieu les joies comme les intérêts de la famille, les affections comme les joies.

Ce n'est pas servir Dieu dans sa maison que de respecter outre mesure les doux loisirs de la vie intérieure ; sans doute ils ont leur place dans l'existence : l'Evangile, qui ne professe pas une morale sèche et morose, en reconnaît la légitimité. Mais nous manquons au service que nous devons à Dieu si nous ne savons pas pour lui renoncer momentanément aux joies de la famille, que ce soit pour quelques heures ou pour un temps plus long. Il est des hommes qui font passer le bonheur de vivre dans leur intérieur avant le devoir, et qui s'emprisonnent littéralement dans le cercle étroit de leurs affections. Le temps qu'ils ont coutume de consacrer à leur famille leur paraît sacré; et cependant Dieu leur en demande une portion pour visiter tel pauvre, pour soutenir telle œuvre qui réclame leurs soins, et, s'ils appartiennent à une Eglise, pour contribuer, par leur coopération active, à son bien spirituel. De tels hommes, qui se retranchent derrière leur bonheur domestique comme derrière une infranchissable barrière, n'ont pas le droit de répéter notre texte. Pour moi, disent-ils, je servirai ma maison, et j'oublierai mon Dieu.

Il ne suffit pas de sacrifier les jouissances de la famille, il faut encore subordonner ses intérêts à la volonté de Dieu. Sur ce point, les illusions sont faciles : combien de prétendus chrétiens, sous prétexte d'assurer le bien-être, la fortune de leurs enfants, ouvrent leurs cœurs à l'amour du gain! Ils éprouveraient du scrupule à nourrir pour eux-mêmes le désir des richesses; mais ils se croient parfaitement dans l'ordre en poursuivant avec avidité de grands biens pour leurs familles. Tel homme est mis en demeure d'abandonner une position avantageuse pour demeurer fidèle à ses convictions. Le devoir est clairement tracé : s'il était seul en cause, il n'hésiterait pas; mais il pense à ses enfants, et il résiste à la voix de sa conscience, qui est la voix de Dieu. Il commet une lâcheté, il trahit son devoir, par amour pour sa famille. Tel autre refuse à une cause sainte les dons généreux que Dieu lui demande, parce qu'il ne veut pas diminuer le patrimoine de ses enfants, comme si la plus grande bénédiction à leur léguer n'était pas l'exemple du dévouement à Dieu, comme si l'héritage moral de la famille, la tradition de la générosité, de l'esprit de sacrifice, des nobles exemples, devait être sacrifiés à l'héritage matériel, et comme si celui-ci, conservé et agrandi par l'avarice, ne transmettait pas, avec l'or et l'argent qui périssent, l'âpre avidité, les funestes convoitises, allumant trop souvent dans l'âme pervertie le feu qui ne s'éteint point. Placé entre Dieu et sa famille, cet homme n'a pas hésité, et il se sait gré de sa décision. Il se croit sage, juste, bon père, parce qu'il est avare et intéressé par amour paternel. N'a-t-il pas dit aussi, au lieu des belles paroles de notre texte : Pour moi, je servirai ma maison, et j'oublierai mon Dieu !

Sacrifier ses intérêts, sacrifier ses jouissances, est chose relativement facile. Le sacrifice le plus pénible est celui des affections ; il consiste à les subordonner entièrement à l'amour que l'on doit à Dieu. Vous vous rappelez les étonnantes paroles que Jésus-Christ a prononcées à ce sujet : « Celui qui ne hait pas pour l'amour de moi son père, sa mère, sa femme, ses enfants, n'est pas digne de moi. » — Cette parole hardie, aiguisée en paradoxe pour enfoncer dans nos consciences la grande vérité qu'elle exprime, nous apprend que, pour servir Dieu, il faut mettre autant de distance entre notre amour pour lui et notre amour pour la créature, qu'il y en a entre l'amour et la haine ; en d'autres termes, que nos affections humaines doivent être entièrement subordonnées à l'amour qu'il nous inspire. Il faut être prêt à les sacrifier toutes à une seule de ses volontés, et n'y jamais chercher d'excuses pour se dérober à l'accomplissement du devoir. Serait-ce servir Dieu, que de lui donner la seconde place dans notre cœur et de réserver la première à nos proches! Que de fois ne leur accorde-t-on pas l'affection tendre et passionnée, pour n'accorder à Dieu qu'un amour froid, languissant, sans profondeur et sans réalité! L'âme, dans ce qu'elle a d'ardent et de véhément, appartient à la créature; elle lui donne ses prémices, tout ce qu'elle a de meilleur. Quant à Dieu, elle ne lui jette que ses débris, et il doit se contenter de ce qui reste d'un cœur idolâtre. L'aimer ainsi, est-ce bien le servir? N'est-ce pas plutôt transformer le foyer domestique en autel, l'amour de la famille en coupable idolâtrie, et dire encore : Je servirai ma maison, et j'oublierai mon Dieu!

Nous ne saurions donc trop vous inviter, mes frères, à entrer dans l'esprit de notre texte, et à le répéter du fond d'un cœur pénétré de ce qu'il doit à Dieu. Apprenons à tout lui sacrifier dans notre maison : joies intérêts, affections. Apprenons à dire :

Que toute créature, en sa sainte présence,
S'impose le silence
Et laisse agir sa voix.

Oui, toute créature, — même ces êtres si chers, si précieux qui ont tant de pouvoir sur nous. — Quand Jésus-Christ nous défendrait de retourner à notre demeure pour rendre les derniers devoirs à un père, en nous imposant une obligation plus pressante encore, même alors il faudrait marcher courageusement en avant, et mettre, sans retard et sans murmure, la main à la charrue, à cette charrue qui creuse ses plus profonds sillons dans nos cœurs déchirés.

Servir Dieu dans sa famille, ce n'est pas seulement

lui subordonner toutes ses volontés, c'est encore lui rendre dans sa maison même le culte qui lui est dû. Ce culte est double : il y a d'abord le culte proprement dit, la prière, l'adoration en commun; puis la vie chrétienne tout entière est élevée par l'Evangile à la hauteur d'un service de Dieu continuel. Sous ces deux rapports, nous devons dire : *Moi et ma maison, nous servirons l'Eternel.* Il est impossible de servir Dieu dans sa maison sans y avoir introduit et sans y célébrer tous les jours le culte de famille. Je ne pense pas que personne ici partage ces idées grossières et judaïques, qui n'admettent de sanctuaire qu'entre des murs consacrés, et d'autre culte que le culte public. Je ne diminuerai certes pas l'importance de celui-ci : il est indispensable ; mais le culte domestique ne l'est pas moins; et je ne connais pas de sanctuaire mieux approprié à l'adoration de la famille que la maison où se sont passées tant de scènes solennelles, où l'enfant est arrivé à la vie, où un être bien-aimé a pris son essor vers les cités éternelles, où l'on a souffert et pleuré ensemble. Qu'avons-nous besoin d'églises ouvertes en dehors du culte public ! Le temple de la famille est dans ces lieux qui réveillent tant de souvenirs tendres et tristes, mêlés, comme la vie humaine, de douceur et d'amertume. Est-il possible qu'il y ait une maison chrétienne où ne soit pas célébré le culte de famille ! N'est-ce pas à ce moment béni que les parents et les enfants, les maîtres et les serviteurs se réunissent dans une même prière devant Dieu, pour puiser la force, réclamer le pardon et recevoir la grâce de le glorifier dans la vie commune ? N'est-ce pas alors que se resserrent les liens entre tous, que les impressions fâcheuses se dissipent, que les bonnes résolutions se forment ? Le père de famille agenouillé accomplit, de tous les sacerdoces, le plus touchant, le plus beau ; et plus bas il s'est incliné devant Dieu, plus il inspire aux siens de respect. Qu'est-ce donc qu'une famille chrétienne qui n'apporte pas à Dieu l'hommage de l'adoration, et qui ne commence pas chaque jour par le servir à genoux ! Nous ne saurions trop vous presser, mes frères, de remplir ce devoir. Comment oser répéter notre texte, quand on ne célèbre pas le culte de famille! Ne serait-ce pas se moquer de Dieu, que de dire : Moi et ma maison, nous servirons l'Eternel, tout en vivant comme des païens ! — Ce culte, ne l'interrompez jamais ; n'en ayez jamais honte, car celui qui aura craint de confesser Jésus-Christ devant les hommes, Jésus-Christ ne le confessera pas devant son Père.

Mais, mes frères, le culte de famille aurait une bien faible utilité, s'il ne correspondait pas à cet autre culte, à cet autre service de Dieu qui comprend l'existence entière. Servir Dieu dans sa maison, c'est pénétrer toute la vie de famille du principe chrétien ; c'est veiller avec un soin scrupuleux sur ses paroles, afin qu'elles soient toujours dignes d'une bouche qui confesse Jésus-Christ; c'est écarter tout ce qui serait en piége et en tentation à ceux qui nous entourent, et chercher constamment la gloire de Dieu ; c'est comprendre que l'on a charge d'âmes et s'il est quelque membre de la famille non encore gagné à notre foi, c'est concentrer sur lui toutes ses sollicitudes, tous ses efforts, avec la délicatesse et l'ardeur de la charité. Avez-vous bien mesuré l'étendue de vos devoirs à cet égard? Ne vous seriez-vous pas fait illusion par votre affection même? et n'auriez-vous pas oublié le redoutable effet des jugements de Dieu sur ces êtres chéris qui boivent à la même coupe et rompent le même pain, et qui pourtant, aussi longtemps qu'ils ne se convertissent pas, sont séparés de vous de toute la distance de la condamnation au salut, de toute la largeur de ce grand abîme creusé entre le mauvais riche et Lazare. Ah! mes frères, demeurerez-vous paisibles avec une telle conviction? Contribuerez-vous à les perdre par une indulgence fatale et de coupables concessions? Quoi! tandis que Jésus-Christ a cherché la brebis égarée jusqu'au fond de son désert, ne tendrez-vous pas les bras à cette âme perdue qui est à la fois si près et si loin de vous? Que ceux qui sont décidés à répéter notre texte pour eux-mêmes comprennent bien à quoi ils s'engagent. Servir Dieu dans sa maison, c'est ne prendre aucun repos jusqu'à ce que l'on puisse dire : Me voici avec tous ceux que tu m'as donnés.

Ainsi comprise, mes frères, la vie de famille est un véritable service de Dieu, et votre maison est un sanctuaire. Sans tomber dans l'exagération et la pédanterie religieuses, tout en aimant et pratiquant toutes les choses qui sont aimables et de bonne réputation, nous ne consentirons pas, avec de tels principes, à voir profaner ce sanctuaire, et nous n'y introduirons jamais le monde et ses vanités. Ici je ne précise rien; j'abandonne mes paroles à la conscience individuelle et à l'Evangile, qui souffle sur nos âmes un esprit nouveau, mais qui ne nous fournit point une casuistique. Je me borne à vous faire cette question : Croyez-vous que celui qui a l'intention d'être fidèle à la parole de notre texte consentira volontiers à ce que cette maison où il veut servir l'Eternel soit ouverte au tourbillon de la vie mondaine? Croyez-vous qu'il lui plaira d'entendre bourdonner les propos futiles et profanes à cette même place où le matin il a fléchi le genou devant Dieu, entouré de ses enfants? Croyez-vous qu'il accepte de voir compromis, par de dangereuses influences, le salut de ces âmes précieuses pour lesquelles il lutte avec Dieu? Croyez-vous qu'il abaisse les barrières qui garantissent le sanctuaire de la piété domestique devant un monde ennemi de la piété et impatient de mener son triomphe insolent dans ces lieux bénis? Ah! mes frères, je ne sais pas si cette anomalie, si cette inconséquence est possible; mais ce que je sais, c'est que les paroles de mon texte seraient redoutables à entendre pour ceux qui s'y seraient laissé entraîner.

Nous avons dit qu'après avoir servi Dieu dans sa famille, il fallait le servir encore par sa famille. Les limites de notre action chrétienne ne s'arrêtent pas à celles de notre demeure. C'est beaucoup de servir Dieu dans sa famille, mais il faut encore que notre famille répande au dehors une influence bénie. Elle la répandra certainement si elle est sincèrement chrétienne. Une famille pieuse est un foyer de lumière : elle projette autour d'elle une douce et sereine clarté; elle réchauffe les cœurs; elle rend honorable le nom de Jésus-Christ. Mais, à cette influence indirecte et involontaire, il faut ajouter une action plus directe, et la famille chrétienne doit s'efforcer de l'exercer en s'ouvrant à tous ceux qui sont tristes, isolés, en entraînant autant d'âmes que possible dans le courant de son amour et de sa piété. Gardons-nous d'un étroit esprit de famille, qui pousserait jusqu'à l'exagération des sentiments très légitimes. Quand on se renferme absolument dans le cercle intime de ses préoccupations, quand on a une sorte d'avarice d'affection, il est impossible d'exercer largement une salutaire influence. Il est des familles qui forment comme un petit couvent domestique ; un mur de séparation s'élève toujours entre elles et les autres hommes. Elles servent Dieu, sans doute, mais elles le serviraient mieux avec plus de largeur. N'oublions pas de pratiquer au sens spirituel le commandement de l'Apôtre : Soyez hospitaliers. Il y a une hospitalité du cœur et de la pensée plus précieuse qu'aucune autre, et le foyer dont il est le plus doux de s'approcher, c'est celui des affections chaleureuses. Ici, comme partout, vous ne ferez vraiment de bien qu'en vous oubliant, qu'en pratiquant l'esprit de sacrifice, en un mot, qu'en servant Dieu.

Celui qui perd sa vie la retrouvera. Cette parole du Maître trouve une bien belle application dans la famille chrétienne. C'est précisément l'esprit de sacrifice qui constitue la beauté et conserve le bonheur de la vie de famille. Otez-en le dévouement, le service de Dieu, et qu'avez-vous? Des joies courtes, troublées, un fond de sécheresse incurable sous l'apparence de l'affection, de la passion quelquefois, jamais l'amour calme, profond, immortel; souvent l'aigreur, les querelles, des moments d'enivrement et de fièvre, puis la lassitude et le mécontentement, et, pour tout dire en un mot, l'égoïsme plus ou moins poli, déguisé, arrêtant les nobles élans, et répandant comme un terne brouillard sur une existence vide et décolorée. Le dévouement, au contraire, nous enrichit en nous dépouillant. Vous avez renoncé à quelques jouissances, à quelques intérêts d'un jour; la bénédiction de Dieu s'étend sur vous comme un ciel d'azur sur une belle contrée. Vous avez consenti à subordonner vos affections à l'amour divin, et c'est de ce moment que vous avez aimé! Ces frêles rameaux, qui n'ont été arrachés que pour être entés sur une souche divine, ont multiplié leurs fleurs et leurs fruits. Vous avez renoncé au monde et à ses convoitises, et la piété a répandu sur votre vie entière une lumière du ciel qui s'accroît à mesure que vous redescendez la colline. Vous avez perdu votre vie, et cette vie perdue s'est trouvée la plus riche, la plus bénie, la plus heureuse, la plus aimante et la plus grande avec ses perspectives éternelles! Toutes les émotions tendres du cœur humain ont été rendues plus douces et plus profondes. C'est toujours un moment solennel que celui où deux êtres humains s'unissent pour le pèlerinage terrestre! Mais que n'a-t-il pas été pour vous qui connaissiez le but à poursuivre, et qui saviez dans quel saint combat vous alliez être engagés? Que n'a-t-il pas été pour vous qui saviez le secret de l'amour pur et éternel? C'est une impression qu'aucune parole ne peut rendre que celle qui nous saisit quand le premier cri d'un enfant remue nos entrailles. Que n'a-t-elle pas été pour vous qui, par ce premier cri, avez appris qu'un hôte immortel vous était donné, et qui avez pu mettre votre enfant bien-aimé dans les bras de Jésus-Christ. Tous les sentiments naturels du cœur de l'homme sont ainsi à la fois sanctifiés et agrandis, et la piété qui a les promesses de la vie à venir a les promesses de la vie présente, parce qu'elle est toute illuminée déjà par cette vue bienheureuse de l'éternité.

Il est dans l'Evangile une famille qui nous présente l'idéal de la famille chrétienne; c'est la famille de Béthanie. Elle n'a pas été à l'abri du mal, sans doute; mais on y respire l'amour, la paix, la foi. Et pourquoi en est-il ainsi? Demandez-le à Celui qui vint souvent s'asseoir à l'ombre de ses figuiers, à ce Sauveur qu'écouta Marie. C'est lui dont la présence sanctifie nos maisons et en fait des sanctuaires. Il est tout aussi bien la pierre de l'angle de la famille chrétienne que de l'Eglise. Supplions-le donc d'entrer dans nos demeures, et répétons cette simple prière familière à l'Allemagne évangélique : *Seigneur Jésus, sois notre hôte!* Comment ne l'exaucerait-il pas? N'a-t-il pas dit : Je me tiens à la porte, et je frappe. Ah! ne le laissez pas sur le seuil, ce divin et charitable Sauveur! Ouvrez-lui la porte! qu'il s'asseoie à votre foyer, et qu'il vous apprenne à servir Dieu dans vos familles, qui lui appartiennent comme tout ce qu'il vous a donné dans sa générosité infinie!

DEUXIÈME SERMON

LE PRINCIPE CHRÉTIEN DE LA FAMILLE APPLIQUÉ A SES RELATIONS DIVERSES

1° LE MARIAGE CHRÉTIEN

> Vous, maris, aimez vos femmes comme Christ a aussi aimé l'Eglise.
> Comme donc l'Eglise est soumise à Christ, que les femmes le soient aussi à leurs propres maris.
> (EPH. V, 24, 25.)

Mes frères, dans notre dernière prédication, nous avons posé le principe chrétien de la famille. Il nous a paru admirablement exprimé par ces paroles de l'Ecriture : « Moi et ma maison, nous servirons l'Eternel. » Le principe de la famille est le principe chrétien lui-même dans une de ses applications spéciales. Nous avons pour vocation de servir Dieu dans tout l'ensemble de notre vie, c'est-à-dire de vivre pour lui, pour sa gloire et non pour nous-mêmes. L'égoïsme collectif n'est pas plus légitime que l'égoïsme individuel, et celui-là seul sert Dieu dans sa famille qui subordonne à sa volonté les intérêts, les joies, et même les affections du foyer domestique. La flamme qui doit y brûler est celle d'un saint amour pour le Seigneur. C'est lui qu'il faut servir avant tout, non-seulement par le désintéressement et l'obéissance prompte et parfaite, mais encore en l'adorant, en lui rendant un culte en commun, et surtout en élevant la vie de famille à la hauteur d'un culte continuel. Nous n'aurons rempli tous nos devoirs dans cette sphère que lorsque, comme aux temps apostoliques, on pourra parler de l'Eglise qui est dans notre maison. De même que l'Eglise, la famille peut être comparée à un corps dont chaque membre a des fonctions différentes. Chacun est appelé à servir Dieu, mais il doit le faire à la place qui lui est assignée, et dans la nuance de sa vocation spéciale. Comme toutes les œuvres de Dieu, la famille présente un double caractère de diversité et d'unité. Il ne suffit pas d'avoir considéré le principe sur lequel elle repose, et qui cimente indestructiblement l'union de ses membres en Dieu; il faut encore signaler les applications nombreuses et variées de ce principe dans ses relations diverses. La relation essentielle, primordiale est le mariage. Le bonheur ou le malheur en découlent selon qu'il est bien ou mal compris. Nous aurons donc d'abord à l'envisager au point de vue chrétien. Nous nous occuperons ensuite de la relation si douce des parents et des enfants; nous rechercherons les principes de l'éducation chrétienne. Enfin, dans un grand nombre de familles, il existe une relation difficile, dont l'Evangile s'est tout spécialement préoccupé, c'est celle des maîtres et des serviteurs. Nous lui demanderons aussi de jeter sa vive lumière sur ce point délicat. Nous ne nous contenterons pas de peindre sous ces divers rapports l'idéal de la famille; nous nous souviendrons de notre faiblesse et de notre entraînement au péché, et, après vous avoir montré comment le christianisme nous trace nos devoirs, nous vous montrerons de quelle manière il nous relève quand nous y avons manqué. Car il n'est pas seulement admirable comme la loi morale la plus sûre et la plus haute, mais encore comme la grande puissance de restauration et de réparation dans notre vie. Aussi l'idéal qu'il nous présente n'est-il pas chimérique et impossible, et il nous oblige d'autant plus qu'il est plus facilement réalisable. Dans un sujet comme celui qui nous occupe, en se tenant sur les hauteurs, en ne descendant pas aux applications, en évitant les détails, on se refuserait le moyen d'être direct et précis. Vous ne serez donc pas étonné si je consacre toute cette prédication à la première des relations de la famille : au mariage. Ne pensez pas que les considérations que nous vous présenterons n'aient d'intérêt que pour une partie de nos auditeurs. On ne peut pas considérer l'une des applications du christianisme sans le considérer dans son ensemble, et sans le ramener dans ce qu'il a de plus fondamental et de plus sérieux devant l'âme et la conscience. D'ailleurs, de magnifiques symboles sont renfermés dans les relations de la famille, et nous ne craindrons pas d'y chercher, d'après l'Ecriture, des types sublimes de l'amour infini du Dieu qui nous a sauvés.

Puissions-nous, mes frères, avec son secours, apprendre à le servir par ces affections mêmes qu'il ne nous a données qu'afin de nous rapprocher de lui; car tout amour digne de ce nom doit nous reporter à Dieu, et prendre son cours vers lui comme les fleuves vont à l'Océan.

Il n'est pas nécessaire de faire ressortir à vos yeux l'importance de la relation du mariage. Elle a sur toute la vie l'influence la plus vaste et la plus prolongée, Dieu a voulu qu'il en fût ainsi. Rien n'est comparable sur la terre à cette union étroite de deux êtres qui doivent mêler leurs vies, travailler, souffrir, pleurer ensemble, se compléter l'un l'autre, avoir tout en commun, et porter le même nom devant les hommes. Quel bien ou quel mal ne peuvent-ils pas se faire ! Ne sont-ils pas investis d'une puissance sans bornes l'un sur l'autre ? Il ne s'agit pas d'un droit abstrait, qui ne s'exerce qu'à de grands intervalles, mais d'une influence de tous les instants, pénétrante, subtile, irrésistible. Si elle est bienfaisante, elle aura les meilleurs résultats ; elle sera comme une douce et lumineuse atmosphère, où notre être moral se développera de la manière la plus heureuse. Elle neutralisera l'action du mal sur nous ; elle contribuera efficacement à entretenir la santé de l'âme. Mais si elle est malfaisante, elle deviendra l'une des causes de perdition les plus énergiques ; elle tuera la piété, faussera la conscience, et opposera à l'Evangile un obstacle que nous n'hésiterions pas à déclarer invincible si nous ne connaissions pas la toute-puissance de l'amour de Dieu. Nous sommes donc en droit de dire que le mariage a les conséquences les plus bénies ou les plus redoutables, et que, lorsqu'il n'est pas sanctifié par le christianisme, il perd infailliblement les âmes, d'autant plus qu'il les abuse en donnant une satisfaction incomplète à ce besoin d'aimer qui, non trompé, les pousserait vers Dieu.

Nous ne saurions donc trop tôt nous fixer sur cette question : Comment servir Dieu dans le mariage ? Comment faire concourir à notre salut la grande influence qu'il exerce sur nous ? Il est un premier point, mes frères, sur lequel j'appelle votre plus sérieuse attention. Il est délicat, je le sais ; mais il est tellement important, que je croirais manquer à mon devoir en le négligeant. Je veux parler de la manière dont le mariage est contracté. L'Ecriture nous donne à cet égard des règles précises qui doivent nous guider dans cet acte si grave, si solennel, et malheureusement si souvent accompli avec une légèreté déplorable. Le chrétien qui veut servir Dieu en se mariant n'épousera qu'une personne chrétienne. Si vous me demandez où je lis ce précepte dans le Nouveau Testament, je vous répondrai : Partout où il est parlé de mariage. Je n'en veux pas d'autre preuve que notre texte. Pensez-vous que les devoirs qu'il retrace aux époux puissent être accomplis, s'il n'y a pas communauté de foi et de piété ? Quoi ! vous épouseriez un homme qui repousse l'Evangile, qui ne croit pas au Sauveur, et cet homme serait pour vous ce que Jésus-Christ est pour l'Eglise ! Il serait capable de vous aimer de cet amour saint qui désire ardemment la purification de l'âme immortelle ! N'y a-t-il pas une contradiction flagrante entre la condition que vous avez choisie et les prescriptions de l'Evangile ? D'ailleurs, il suffit de considérer l'idée évangélique du mariage, pour comprendre qu'il y a un acte d'infidélité à le contracter sur une autre base que la base strictement chrétienne. Le mariage doit être une union tellement absolue, qu'on puisse dire des deux époux : *Les deux ne font qu'un.* Il suppose l'intimité la plus étroite, celle où la confiance mutuelle est le plus nécessaire ; et on entrerait dans cette intimité, sachant que l'on est séparé de toute la distance du ciel à la terre, de l'Eglise au monde ! N'y a-t-il pas une amère et douloureuse ironie dans ce contraste ? Se rencontrer partout, excepté sur les hauteurs ; demeurer unis dans ce qui est terrestre et passager, tout en restant profondément divisés pour ce qui touche à l'âme, est-il une position plus triste et plus contradictoire? Au point de vue du bonheur, une telle situation volontairement acceptée est déjà une grande folie; car lorsque la sympathie religieuse manque, l'accord ne saurait exister; et rien n'est plus triste que l'unité apparente recouvrant la division des cœurs. Mais c'est surtout au point de vue de la piété que les conséquences d'un tel mariage sont fatales. Il nous expose à la tentation la plus permanente et la plus invincible; et ce qui fait la gravité de la tentation, c'est que nous nous y sommes exposés de plein gré, et que nous n'avons pas le droit de compter sur Dieu comme lorsque le péril résulte d'une situation que nous n'avons pas créée. La femme chrétienne ou l'époux chrétien qui n'a pas, avant tout, consulté la volonté de Dieu en se mariant, est constamment entravé dans l'accomplissement de ses devoirs. Il lui est presque impossible de remplir les exigences de sa vocation. Déjà cette situation fâcheuse et anormale avait été énergiquement caractérisée dans l'antiquité chrétienne. Permettez-moi de vous citer quelques paroles de l'un de ses docteurs les plus austères : « Comment, disait Tertullien [1], comment la femme ainsi mariée pourra-t-elle servir deux maîtres, Dieu et son mari, si celui-ci n'est pas chrétien ? Le mari mondain voudra observer les coutumes du monde; il tient à tout ce qui est apparence, au luxe, aux plaisirs. Comment la femme contentera-t-elle à la fois son mari et le Seigneur? Elle aura constamment sous son toit un obstacle à la pratique de la piété. Si quelque devoir religieux doit être accompli, le mari opposera quelque devoir social, quelque fête mondaine. C'est ce jour-là

[1] Tertullien, *Ad uxorem*, c. III.

même qu'il donnera un festin. Il ne lui permettra pas d'aller visiter les réduits les plus affreux de la pauvreté, où languissent des frères en la foi. Il ne lui permettra pas de prendre part à la cène du Seigneur, objet de tant de calomnies infâmes. Il ne la laissera pas franchir le seuil des cachots pour baiser les fers des martyrs. Si quelque frère étranger demande l'hospitalité, elle lui sera refusée. S'il y a quelque large aumône à faire, la femme chrétienne rencontrera la même opposition. »

Transposez ces paroles, en quelque sorte ; faites-en l'application aux circonstances de notre société actuelle et de notre dix-neuvième siècle : vous reconnaîtrez qu'elles sont toujours également vraies, et vous avouerez avec nous que celui qui veut servir Dieu dans sa maison doit la fonder sur la communauté de la foi. Le parti qu'il prendra à cet égard révélera le degré de sa piété, et montrera s'il est vraiment disposé à subordonner à la volonté de Dieu ses volontés, ses joies, ses affections même. Il est mis en demeure de choisir entre une belle position et Dieu, entre un vif entraînement et Dieu. Qui l'emportera, de Dieu ou de la créature et des biens de la terre ? Voilà la question qui se pose pour lui avec une solennité effrayante. C'est la question de fidélité ou d'infidélité, la même qui se posait dans les premiers siècles, aux jours de la persécution, alors que le chrétien était appelé à choisir entre la prison et la mort ou l'adoration des faux dieux. Ne dites pas que nous exagérons ; dans notre société polie et cultivée, l'héroïsme chrétien n'a pas grande occasion de se déployer ; nous ne serons plus placés entre un bûcher et l'autel des faux dieux. Et pourtant cet autel subsiste : c'est l'autel de l'éternel Mammon, de l'idole grossière de l'or et de l'argent, ou bien l'autel où la créature est adorée. Nous sommes encore sollicités à y apporter notre encens; et c'est encore au prix de douloureux sacrifices que nous le refusons, pour donner gloire et obéissance à Dieu seul. Placé entre un mariage avantageux, mais contraire aux principes de l'Evangile, et la volonté de Dieu, le disciple de Jésus-Christ est sommé de se décider comme les premiers chrétiens. Que dire de lui, s'il préfère la créature au Créateur? Et que dire, ô mon Dieu, si, comme cela se voit sans cesse, ce n'est pas tant une affection idolâtre, que la passion des biens matériels qui le pousse à l'infidélité? Que dire de lui, sinon qu'il a momentanément renié son Sauveur pour de l'argent ou pour une position sociale? Qu'il ne vienne pas, après cela, excuser sa chute en prétendant que son désir principal était de travailler à la conversion de l'épouse ou de l'époux non chrétien. Cette excuse est un sophisme inventé pour les besoins de la cause. Ce n'est pas par des concessions et des compromis que l'on réussit à exercer une influence salutaire sur les âmes.

J'entends l'objection que l'on nous opposera, sans doute : Vous rendez, nous dira-t-on, la position des chrétiens bien difficile, et leur établissement dans ce monde bien malaisé. Nous acceptons le reproche, et nous répondons à ceux qui nous le feraient, que nous n'avons jamais prétendu que le christianisme fût destiné à nous donner ici-bas une position temporelle facile et agréable. Nous avons appris de Jésus-Christ que notre trésor et notre cœur doivent être ailleurs, et de saint Paul, que nous sommes ici-bas sous une tente, étrangers et voyageurs comme tous nos pères. Vous vous étiez donc imaginé que la porte et le chemin du

Ciel étaient larges et commodes, et que l'on y pouvait entrer avec toutes ses convoitises terrestres. Vous aviez donc cru que parce que vous vivez au dix-neuvième siècle et non au premier, les conditions de la piété étaient changées; que l'Evangile s'était civilisé et adouci, et que l'esprit de sacrifice pouvait être relégué dans ce passé lointain. Ah! si vous avez cru cela, vous vous êtes trompés. Il n'y a qu'un chemin qui soit le bon chemin, c'est celui de la croix,—quiconque y entre est appelé à perdre sa vie; — et comme aujourd'hui il n'y a pas de supplice pour les chrétiens, cette condition essentielle et permanente de la foi se réalise dans ces sacrifices intérieurs qui nous sont demandés en toute circonstance, et surtout dans un moment aussi grave que celui où nous formons ces liens étroits du mariage, qui pourraient si facilement devenir les chaînes les plus pesantes, les plus indestructibles du péché. C'est ce qui vous explique la chaleur et l'insistance de nos paroles sur ce point si important, sur lequel on se fait de si étranges illusions, d'autant plus dangereuses qu'elles sont quelquefois favorisées par l'amour aveugle de parents qui estiment apparemment beaucoup plus une position sociale avantageuse que la fidélité à Jésus-Christ. N'oubliez pas qu'il n'est point nécessaire que vous soyez bien placés dans ce monde, riches et considérés, mais qu'il est indispensable que vous soyez sauvés, sanctifiés, et qu'en conséquence vous devez commencer à servir Dieu dans votre maison, à l'heure même où vous la fondez.

Mes frères, le christianisme relève ceux qui sont tombés. Il ne leur ferme jamais le chemin du retour et du relèvement. S'il était donc quelques-uns de nos auditeurs qui fussent, par leur faute, dans la situation dont nous avons tracé le triste tableau, qu'ils sachent que Jésus-Christ est puissant pour leur pardonner, et même pour tirer le bien du mal s'ils reviennent à lui avec un sincère repentir. Leur devoir est clair et positif : c'est de travailler désormais de toutes leurs forces à la conversion de l'épouse ou de l'époux que retiendraient encore les liens du monde. Il est aussi des chrétiens qui se trouvent dans la même situation sans qu'elle leur soit en rien imputable. Ils ont été amenés à Dieu depuis leur mariage, mais ils ont été amenés seuls, et ils ont douloureusement senti la vérité de cette parole du Maître : Je suis venu apporter la division sur la terre. Aux uns comme aux autres, nous donnerons comme consolation et comme encouragement cette parole de Paul : « Que sais-tu, mari chrétien, si tu ne gagneras pas ta femme ? et que sais-tu, épouse chrétienne, si tu ne gagneras pas ton mari ? » Cette préoccupation doit désormais dominer votre vie entière, et inspirer vos plus instantes prières. Vous devez avec larmes demander à Dieu cette âme à laquelle vous êtes si étroitement uni, et dont vous êtes en même temps si profondément séparé. Si vous êtes fidèle, elle vous sera donnée. Persévérez seulement, ne vous lassez pas de poursuivre ce but. C'est le grand but de votre existence ; mettez à le poursuivre toute l'ardeur et toute la délicatesse de la charité. Elle a un tact divin, elle a une éloquence muette, mais irrésistible. Elle ne se concilie ni avec l'étroitesse ni avec la roideur ; elle se communique, comme la lumière et la chaleur, par une douce et constante émanation. Mais soyez bien persuadés que la fidélité n'est pas moins nécessaire que la charité pour gagner une âme. Vous ne l'achèterez pas au prix de lâches concessions, parce que les âmes immortelles ne se vendent pas, mais se donnent, quand elles ont été atteintes par l'attrait souverain de la vérité. Toute concession est un affaiblissement. Chose étrange ! le monde, qui ne veut pas du christianisme, sait très bien ce qu'il exige de nous. Il juge nos inconséquences ; elles le réjouissent secrètement, mais elles nous dépouillent de toute influence et nous enlèvent ce respect qu'il ne peut s'empêcher d'accorder au christianisme conséquent tout en le maudissant. Le maudire, c'est une manière de le respecter ; car c'est reconnaître sa puissance. Femme chrétienne, veux-tu donc gagner l'âme de ton époux inconverti ? Epoux chrétien, veux-tu gagner l'âme de ta femme ? Marche franchement et résolûment dans la ligne de l'Evangile, ne la rendant ni plus large ni plus étroite que Dieu ne l'a faite, la suivant sous son regard avec une inflexible droiture, et sachant souffrir pour Jésus-Christ dans ses rapports intimes. Ces souffrances seront bénies, et tu recueilleras enfin pour prix de ta piété courageuse, le salut de cette âme qui t'est si précieuse, et avec laquelle tu désires, avant tout, former un lien immortel en Dieu.

J'en viens maintenant au mariage fondé sur ses vraies bases, et je demande à mon texte de nous en donner l'idée la plus haute et la plus vraie. D'après saint Paul, l'affection conjugale doit s'élever à une telle hauteur qu'elle soit comparable à la relation de Christ et de l'Eglise. Vous savez, mes frères, ce qu'est cette relation. Christ a aimé l'Eglise jusqu'à se donner pour elle. Il se donne encore à elle incessamment par son esprit pour la sanctifier et la rendre pure et sans tache. Elle n'est jamais seule ; il combat pour elle, il la dirige, il la conduit pas à pas, il la nourrit d'un aliment céleste, et c'est appuyée sur lui, comme l'épouse du cantique sur son époux, qu'elle gravit la montagne au haut de laquelle est le triomphe définitif, la gloire et la sainteté parfaite. Eh bien ! c'est dans cette relation divine que l'Apôtre nous montre l'idéal du mariage. Le mari doit aimer sa femme comme Christ a aimé l'Eglise, et la femme doit aimer son mari comme l'Eglise aime Jésus-Christ. Qu'est-ce à dire, sinon que cet amour doit être tout d'abord saint et dévoué ? Ici, ne nous faisons pas d'illusion : les affections naturelles les plus vives n'ont pas encore les caractères de l'amour véritable ; il faut pour cela qu'elles soient pénétrées d'un élément divin et surnaturel. Cet élément surnaturel, c'est le dévouement, qui est devenu étranger à notre nature depuis la chute. Tant que nous n'avons pas atteint le dévouement, nous n'avons pas atteint l'amour véritable. Aussi rien n'est plus rare que cet amour. La sympathie des goûts, le lien des pensées et de la vie communes, l'exaltation du sentiment, la passion poussée jusqu'au plus haut point, toute l'ardeur et le charme d'une jeune affection, cachent encore un fond désolant d'égoïsme. On obéit uniquement à l'entraînement de sa nature. C'est une exaltation de la sensibilité qui n'a pas de profondeur et n'aura pas de durée. Ce n'est pas là l'amour céleste, l'amour que Jésus-Christ a eu pour son Eglise. Il l'a aimée pour elle-même et pour l'éternité. Il s'est donné pour elle. Il a eu en vue, non sa satisfaction propre, mais le salut de son Eglise et sa sainteté. Il l'a aimée jusqu'au sacrifice. Aussi, dire aux époux de s'aimer dans le Seigneur, c'est leur dire de s'aimer avec désintéressement et pour le ciel. C'est leur dire de penser avant tout au salut de leur âme, et d'y travailler ensemble avec crainte et tremblement. C'est leur dire de repousser tout ce qui ressemblerait à une idolâtrie coupable. Les affections immodérées sont des affections égoïstes, puisque la créature est perdue par l'idolâtrie même dont elle est l'objet. L'affection chrétienne est une affection forte, austère en même temps que pleine de tendresse, à la fois modérée dans son expression et inépuisable dans sa source qui jaillit en Dieu. Poursuivant un but éternel, elle sait, comme Christ, dispenser l'affliction au lieu de la joie par des refus nécessaires, et s'abstenir de toute complaisance coupable. Elle n'amollit pas le cœur, elle le fortifie. Le mari qui aime sa femme comme Jésus-Christ aime l'Eglise, sait lui adresser les plus sérieux avertissements, comme aussi recevoir ses conseils. Il lui prête sans cesse un appui qui lui est constamment rendu. L'un et l'autre font de leur vie, non une fête, mais une lutte à deux, lutte de prières et de saints efforts; et comme Christ et l'Eglise, on les voit gravir la colline souvent aride et escarpée, appuyés l'un sur l'autre et les yeux élevés vers le ciel, d'où leur amour est descendu et où il trouvera son complément.

Ainsi, mes frères, la règle première du mariage chrétien, c'est de s'aimer en Dieu et pour Dieu, et d'avoir toujours en vue les intérêts éternels de l'âme. On élève ainsi l'affection naturelle jusqu'à la hauteur de l'amour véritable et surnaturel, de l'amour dévoué qui reflète l'amour de Christ pour l'Eglise. Nous voudrions entrer maintenant dans plus de détails, mais le temps ne nous le permet pas. Qu'il nous suffise de dire que chacun des époux doit accomplir dans sa situation spéciale la vocation commune. Le mari est chef de la femme, dit saint Paul, c'est-à-dire que s'il a plus d'autorité il a aussi plus de responsabilité. Il doit diriger, soutenir; il doit, les yeux toujours fixés sur Jésus-

Christ, son type et son modèle, se souvenir que sa mission est de protéger la compagne de sa vie, et qu'il ne saurait mieux lui montrer sa reconnaissance pour le bonheur qu'elle lui donne qu'en s'efforçant de lui assurer les bénédictions éternelles.

Quant à la femme et à ses devoirs, à la soumission qu'elle doit à son mari, à l'influence bénie qu'elle peut répandre autour d'elle, à la puissance renfermée dans son apparente faiblesse, que pourrions-nous en dire, après les admirables discours dans lesquels une voix éloquente et chrétienne, maintenant, hélas! silencieuse dans nos chaires, lui montrait avec tant de délicatesse et de profondeur la tâche que Dieu lui assigna quand il la donna à l'homme comme une aide semblable à lui. Tout a été indiqué dans ces pages, qui seront relues maintenant avec une pieuse émotion au souvenir des souffrances de ce grand serviteur de Dieu, dont le lit de maladie est entouré des prières de l'Église entière[1]. Nous résumerons tout ce que nous aurions à dire sur la vocation de l'épouse chrétienne en citant un beau passage de Tertullien : « La femme, dit-il, doit être comme une Ève repentante et pardonnée, assise sur le seuil du paradis qu'elle a fermé par sa faute, elle qui a la première déserté la loi divine. — Elle doit repousser avec un soin jaloux toutes les vanités du monde et se donner pour tâche principale de ramener à Dieu celui qu'elle a contribué à perdre avec elle[2]. »

Le mariage ainsi conçu deviendra l'un des moyens les plus bénis de sanctifier les âmes, de les rapprocher de Dieu. Bien loin que les affections purifiées par l'es-

[1] Ces paroles étaient prononcées au mois de février 1856.

[2] *De cultu Feminarum*, c. I.

prit de Dieu soient déflorées, elles deviennent éternelles en devenant chrétiennes. Non-seulement elles conservent la poésie dont Dieu les a empreintes, comme toutes ses œuvres de prédilection, mais encore elles reçoivent de lui une beauté nouvelle et indestructible. Qu'est-ce qui peut affaiblir l'amour vraiment dévoué? Il est indépendant de la terre et du temps; il a ses racines dans l'éternité! et tandis que l'amour égoïste et terrestre passe et se fane comme la fleur détachée de sa tige, sur sa tige immortelle il refleurit toujours. Les âmes unies en Dieu ne se séparent plus, et de même que l'amour de Christ pour son Église est impérissable, de même un amour vraiment chrétien et purifié ne saurait ni s'affaiblir ni se ternir. Il est plus fort que la vie et toutes ses déceptions, parce qu'il n'est pas fondé sur l'illusion. — Il est plus fort que la mort, parce qu'il n'est pas fondé sur le temps; il participe à l'éternité du Dieu dont il émane.

Nous nous sommes placés, mes frères, au point de vue du devoir absolu, de l'idéal. Nous vous avons dit ce que devrait être le mariage d'après l'Évangile; mais vous savez à quelle distance nous sommes sur tous les points de cet idéal; nous y manquons constamment, et il n'est pas d'époux chrétiens qui ne doivent reconnaître avec tristesse qu'ils ont bien souvent oublié le but élevé du mariage. Il n'en est pas qui ne doivent avouer qu'ils ont bien souvent transformé cette affection dévouée en affection terrestre et égoïste. Deux créatures pécheresses ne peuvent être dans un contact incessant sans avoir réciproquement des torts graves et nombreux. Il faut nous mettre en présence de la réalité des faits, c'est-à-dire en présence de notre misère et de notre égoïsme. L'Évangile nous prend dans cette situation; aussi ne se contente-t-il pas de nous montrer le but à atteindre, il a des ressources pour toutes les faiblesses : il est à la fois la religion de l'idéal et celle de la grâce. Jésus-Christ nous éclaire et nous purifie à la fois. C'est donc à lui, mes frères, qu'il faut aller quand vous avez compromis par vos péchés cette union qui devrait être sainte et pure. C'est lui qui vous donnera l'esprit de pardon, de support, de douceur; c'est lui qui, dans vos plus mauvais jours, vous relèvera. Quand l'amertume s'est glissée dans vos cœurs, et peut-être la colère à sa suite, quand il y a eu entre vous quelque choc pénible, ne laissez la plaie ni s'élargir ni s'envenimer. Que le soleil ne se couche pas sur votre colère! Le divin Réconciliateur n'est pas loin de vous; un regard sur sa croix vous inspirera l'esprit miséricordieux qui est le baume souverain pour toutes les blessures du cœur. Ne mettez nul autre intermédiaire entre vous! Confessez-lui vos fautes; il n'est pas de froissement qui résiste à une prière commune; vous vous relèverez l'âme renouvelée et purifiée; et ainsi, jour à jour, le christianisme réparera les brèches faites à votre bonheur par votre négligence à suivre ses divins préceptes. Mais souvenez-vous que les affections sont des plantes délicates qui demandent à être cultivées avec soin pour ne pas être étouffées par les épines, et qu'il n'est qu'un seul moyen de les conserver intactes en les faisant grandir du côté du ciel : c'est de les arroser de prières et de les rapporter incessamment à Dieu.

Nous avons souvent ramené, mes frères, l'image employée par saint Paul dans notre texte, pour peindre l'amour de Jésus-Christ pour l'Église; mais aucune image ne peut rendre l'amour de Dieu : la réalité les dépasse toutes. Dieu a aimé l'humanité comme jamais époux n'a aimé son épouse; car il l'a aimée et il l'aime encore malgré toutes ses infidélités. A la première occasion qui lui était fournie de lui montrer sa reconnaissance, elle l'a abandonné avec une sorte d'impatience de secouer un joug si doux et si glorieux; elle l'a abandonné pour se livrer à son ennemi. Dieu n'a pas attendu son repentir; il a pris l'initiative de la réconciliation et il a contracté de nouveau alliance avec elle. Elle n'a cessé de rompre cette alliance pendant toute l'ancienne économie; aussi les prophètes la comparent-ils à une épouse adultère qui a mérité le divorce. Ne semble-t-il pas que c'en était trop et qu'elle devait désormais être livrée à elle-même? Eh bien! non. Dieu a déchiré la lettre de divorce. Il l'a relevée, il lui a accordé le plus généreux pardon en Jésus-Christ; l'Église a été solennellement déclarée l'épouse de son Fils unique, semblable à lui-même. Cette épouse a-t-elle été fidèle? Hélas! un siècle n'était pas écoulé qu'elle méritait le reproche d'avoir perdu son premier amour. Plus tard, combien souillée, déchue, misérable n'apparaît-elle pas! Qui comptera ses chutes? Et pourtant il la supporte encore! Il te supporte encore, ô mon âme, toi qui l'as laissé si longtemps heurter à la porte sans ouvrir, toi qui l'as si souvent chassé par tes rébellions, toi qui ne t'es pas lassée de contrister ce divin époux! Il a fait ce qu'aucun homme n'eût fait pour son épouse. C'est qu'il y a un grand abîme entre l'amour des hommes et l'amour de Dieu! Cet amour est le mystère des mystères; aussi quand nous voulons apprendre à aimer, à aimer avec dévouement sur la terre, il faut nous rapprocher de ce foyer pur et brûlant, et il suffit d'une seule étincelle pour sanctifier toutes nos affections humaines ; puissions-nous aujourd'hui avoir réchauffé nos cœurs à ce contact divin, et reporter dans nos affections de famille quelque chose de ce dévouement et de cette miséricorde qui seuls méritent le nom d'amour !

TROISIÈME SERMON

L'ÉDUCATION CHRÉTIENNE

> Comme un père est ému de compassion envers ses enfants, l'Éternel est touché de compassion envers ceux qui le craignent.
>
> (Ps. CIII, 13.)

Mes frères, nous n'admettons aucune opposition entre la nature et la grâce; j'entends entre la vraie nature, celle qui vient de Dieu, et la grâce véritable, non rétrécie à la mesure des esprits timorés. Le christianisme accepte toutes les affections naturelles, mais il les purifie et les élève à une hauteur divine en les pénétrant d'un élément surnaturel, qui seul les fait participer à l'amour réel tel qu'il est en Dieu. Cet élément surnaturel est le dévouement, la préoccupation de la gloire de Dieu et du salut des âmes immortelles. C'est lui qui fait la beauté de l'affection conjugale vraiment chrétienne, et qui nous permet d'y reconnaître un type de l'union de Jésus-Christ et de son Eglise. C'est lui qui communique à l'amour d'un père et d'une mère pour leurs enfants un reflet de l'amour infini de Dieu pour ses créatures. L'élément surnaturel, bien loin de détruire l'élément naturel, l'accepte comme une base qui vient de Dieu. L'amour divin n'absorbe pas tous nos sentiments dans une affection abstraite qui n'a plus de nuances; il laisse à ceux-ci leur variété. L'unité qu'il donne à la vie de notre cœur n'est pas l'unité morte ou l'uniformité. Cette vie se ramifie encore dans ses canaux nombreux, mais elle y porte une eau limpide et pure qui descend du ciel. Ainsi l'affection paternelle et maternelle garde son caractère spécial tout en étant pénétrée du principe chrétien. Mais plus l'affection naturelle est vive, plus aussi l'élément surnaturel doit abonder afin de la tourner au bien des âmes et au service de Dieu. Vous savez, mes frères, combien dans la relation qui doit nous occuper aujourd'hui, l'affection naturelle a d'ardeur et d'intensité. Le lien qui nous unit à nos enfants est fait avec notre chair et notre sang, comme avec ce qu'il y a de plus tendre dans notre âme. Quand ce lien se brise extérieurement par la mort, il semble qu'une partie de notre être physique et moral nous soit enlevée, ou plutôt arrachée. Nous ne pouvons contempler ces êtres chéris sans qu'une indicible émotion, mêlée de joie et de sollicitude, s'empare de nous. Leurs moindres souffrances remuent profondément nos entrailles; leur gaieté innocente éclaire notre horizon mieux que le plus brillant soleil. Nous nous sentons prêts à tous les sacrifices pour leur bonheur. Aussi peut-on dire qu'il y a dans l'affection que nous leur portons un élément naturel de dévouement. De dangereuses illusions sont rendues par là plus faciles. Ce dévouement naturel, qui est sans doute précieux, ne saurait suffire. Telle mère qui ne s'est point épargnée pour donner des soins à son enfant, et, le jour comme la nuit, a toujours été prête à lui multiplier les preuves de son infatigable tendresse, l'élève peut-être fort mal, et n'a jamais pensé au grand côté de sa tâche. Aussi longtemps que son amour maternel n'aura pas été pénétré de l'élément surnaturel et divin, et qu'il n'aura pas été élevé de la sphère agitée des impressions et des émotions jusqu'à la région sereine du devoir, cet amour sera peut-être immense, mais il ne sera ni infini ni immortel; il sera terrestre, inférieur, et, en définitive, plus nuisible qu'utile. Son agitation fiévreuse et maladive ne permettra pas cette culture d'une âme immortelle, qui réclame autant de calme et de sagesse que de tendresse, et qui est rendue impossible aussi longtemps que les affections sont exclusivement terrestres. Les affections qui ne sont que purement naturelles et instinctives sont toujours passionnées. Or, la passion n'a aucune fixité, aucune règle. Elle détruit l'harmonie paisible de l'âme, si nécessaire dans l'éducation. La passion, comme son nom l'indique, est avant tout passive : elle ne dirige pas, elle subit les impressions. Or, en éducation, il s'agit non de subir mais de diriger; il s'agit de déployer une force morale pleine d'énergie et d'intelligence à la fois. Aussi, l'amour maternel ou paternel qui n'est que vif et passionné entrave l'éducation au lieu de la faciliter. Nous n'apprenons à diriger que quand nous avons appris à obéir. Il est donc de la plus haute importance que nous ne prenions pas le change, et que nous ne confondions pas un sentiment purement instinctif avec l'amour éclairé, consciencieux que le christianisme veut nous inspirer pour nos enfants, en nous apprenant qu'ils sont à Dieu avant d'être à nous, et que nous en sommes responsables devant lui. Il faut découvrir le devoir à côté de la jouissance, et accomplir comme une tâche grande et difficile ce qui semblait d'abord un simple entraînement du cœur.

Essayons, mes frères, de nous faire une juste idée

de l'éducation vraiment chrétienne. Comme dans un sujet si vaste, où les points de vue abondent, il est très nécessaire de resserrer ses pensées par un lien étroit, nous nous renfermerons sévèrement aujourd'hui dans un plan méthodique. Nous considérerons successivement l'importance, le but, les principes de l'éducation chrétienne et les moyens dont elle dispose. Notre texte nous rappelle d'une manière bien touchante que le type de notre amour pour nos enfants est l'amour que Dieu nous a montré : *Des mêmes compassions dont un père est ému envers ses enfants, des mêmes compassions Dieu est ému envers nous.* Le Père céleste a été le grand éducateur de l'humanité. Son plan d'éducation se déroule devant nous dans l'histoire de la race déchue, préparée par lui à recevoir le Sauveur. Nous ne saurions donc mieux faire que de demander à ce plan divin toutes les règles et toutes les directions de l'éducation chrétienne. Quand nous aimerons nos enfants comme Dieu nous a aimés, alors, mes frères, nous ne craindrons plus de leur nuire par notre affection. Nous aurons reçu l'amour qui sauve, et non celui qui perd les âmes par son caractère immodéré. Que celui qui nous l'a montré veuille aussi nous le donner!

Nous avons la conviction, mes frères, qu'on ne se fait pas, en général, une juste idée de l'importance de l'éducation, du moins de cette toute première éducation qui, à notre avis, dépose dans le cœur les germes du développement futur. Tout le monde est d'accord pour reconnaître combien la direction de la jeunesse influe sur le sort des générations. Aussi tous les grands partis religieux ont-ils essayé de s'emparer d'elle. Je n'ai pas besoin de vous rappeler les efforts qui ont été faits dans ce sens par l'ordre religieux qui aujourd'hui triomphe en Europe pour notre plus grand malheur. Vous savez qu'il s'était donné pour mission de forger de nouveau la chaîne brisée par la bienheureuse Réformation, et de lier la société moderne, comme le moyen âge, au siége de Rome. Il n'a pas cru pouvoir mieux faire pour atteindre ce but, que de s'emparer des jeunes générations, afin de les pétrir à son image et de leur imprimer le sceau de la servilité religieuse. Les luttes les plus vives ont été engagées sur le terrain de l'éducation publique; mais on s'est peu préoccupé de l'éducation domestique, de celle qui commence au berceau. C'est de celle-là que je désire surtout vous entretenir. Les premières années de la vie humaine sont décisives pour la formation de l'être moral : elles élaborent le caractère, elles dessinent à bien des égards l'individualité; et comme elles appartiennent complétement au père et à la mère, le rôle de ceux-ci est considérable pendant ce temps où l'enfant grandit auprès d'eux, comme le lierre près de l'arbre robuste qui le soutient. Ce rôle éducateur, d'après nous, ne doit pas finir avec ces premières années. Le côté le plus élevé de l'éducation, la direction morale, incombe toujours au père et à la mère. Ils exercent sur l'enfant une influence toute spéciale, où l'affection s'unit au respect, où l'autorité s'associe à la tendresse, et qui est vraiment incommunicable. Ils n'ont pas le droit d'abdiquer ce pouvoir précieux et qui n'est pas transmissible. Qu'ils sachent que s'ils s'en déchargent en livrant absolument leur enfant à l'éducation publique, ils se sont déchargés de leur premier devoir! Ils sont responsables devant Dieu des conséquences de cette coupable négligence.

A quoi faut-il attribuer cette négligence trop fréquente, surtout pour ce qui se rapporte au développement religieux de l'enfant? Elle vient des idées fausses que la plupart des hommes se sont formées sur la religion. D'après eux, on naît dans une religion, comme on naît dans un pays. Pourvu qu'on en suive les pratiques extérieures, on peut se réclamer d'elle. Ils pensent que leurs enfants sont chrétiens de droit, et que le simple fait de les avoir présentés au baptême les a mis en règle avec le ciel. Si, à l'âge voulu, ils leur ont fait suivre le catéchisme et participer à la communion, ils se croient déchargés de toute responsabilité. Cette idée grossière se retrouve partout avec des nuances diverses, et partout aussi elle produit les mêmes conséquences dans l'éducation. Pour nous, qui croyons fermement que nul ne naît chrétien, mais qu'il faut le devenir par un acte personnel et moral qu'aucun sacrement ne remplace; pour nous, qui penserions faire injure à Dieu et même à l'homme en considérant le christianisme comme une sorte de machine à salut, fonctionnant seule sans notre concours; pour nous, qui sommes persuadé que toute créature humaine est appelée à se décider pour ou contre Jésus-Christ, et que de cette décision dépend sa restauration ou sa perdition, nous ne pouvons nous empêcher de dire aux parents qui croient avoir rendu leurs enfants chrétiens par des cérémonies extérieures : Vous êtes dans une épouvantable illusion! Rien n'est commencé; tout est encore à faire pour leur salut. On ne fait pas les chrétiens par un acte extérieur; ils se déclarent eux-mêmes en se donnant à Dieu, et ce don doit être libre, spontané, individuel, et procéder d'une décision énergique. Toute l'eau baptismale de toutes les églises du monde coulerait sur le front de votre enfant, qu'elle n'en effacerait pas le sceau de la condamnation. C'est Jésus-Christ qui l'a effacé; et votre enfant ne sera sauvé que lorsqu'il aura reçu Jésus-Christ dans son cœur. Vous avez pu lui transmettre le péché et la perdition; mais vous ne lui avez pas transmis la foi, parce que la foi ne s'infuse pas avec le sang, mais que le Saint-Esprit la donne seul au cœur qui l'a réclamée. Ces illusions, qui vous ont portés à placer votre confiance dans des formes, vaines aussi longtemps qu'elles ne symbolisent pas des convictions personnelles, vous ont empêchés d'user des précieux moyens d'influence qui sont à votre disposition. Vous ne pouvez pas faire de votre enfant un chrétien par les sacrements; mais vous pouvez agir sur lui de la manière la plus efficace par la prière et par vos exemples; et, dans ce sens, l'éducation que vous lui donnez a une importance incalculable.

Si nous insistons avec force sur le caractère individuel des croyances, nous n'en sommes pas moins persuadé que la part de l'influence est grande sur la formation des convictions. Sans doute le salut n'est réel que quand, avec l'aide efficace de la grâce, la volonté a pris une détermination positive; mais il est une action des volontés les unes sur les autres, un engrenage moral, si je puis ainsi dire, dans lequel il est souvent difficile de distinguer ce qui est à nous de ce qui vient de nos proches. Un acte n'en est pas moins un acte libre pour avoir été accompli sous l'influence d'êtres libres et responsables comme nous. Il est donc facile de concevoir quelle part les parents peuvent avoir, par l'éducation, au salut ou à la perdition de leurs enfants. Le péché d'origine leur a communiqué à tous un germe de corruption; mais n'est-il pas évident qu'il est possible de combattre ou de faciliter le développement de ce principe fatal? N'est-il pas évident que l'éducation peut ou l'amener promptement à une maturité déplorable, ou tendre à l'extirper, selon qu'elle sera dirigée dans le sens du monde ou dans le sens de l'Évangile? S'il est incontestable qu'une liberté humaine peut agir sur une autre liberté humaine, qui exercera jamais sur les âmes une action comparable à celle qu'exercent les parents sur leurs enfants pendant les premières années de la vie? Vous les possédez alors, pères et mères, sans partage; ils sont vis-à-vis de vous dans la dépendance la plus complète et la plus continue; toute leur vie s'écoule sous vos yeux. C'est vous et vous seuls qu'ils entendent; nulle autre influence ne vient, comme plus tard, combattre la vôtre. C'est par vos yeux qu'ils apprennent à considérer toutes choses; c'est de vous qu'ils reçoivent leurs premières impressions, leurs premières idées. Vous êtes le centre de leur petit monde; votre sévérité ou votre indulgence font leurs jours beaux ou tristes. Ils sont suspendus à vous comme des fruits délicats aux rameaux qui leur portent la sève. Leur faiblesse, le besoin incessant qu'ils ont de vous, créent entre vous et eux des rapports tellement étroits, qu'il semble que vous faites avec eux une seule et même personne. Il y a de vous à eux une communication incessante de pensées, de tendresse, de vie morale et intellectuelle. Je le répète, quelle influence dans ce monde est comparable à la vôtre! Quel bien ou quel mal ne pouvez-vous pas leur faire! Car voici la question qui se pose à l'occasion de ces êtres si tendrement aimés: Seront-ils sauvés, ou seront-ils perdus? Seront-ils à Dieu, ou seront-ils à Satan? Et cette question, du moins dans la première période de leur existence, se confond avec cette autre: Leur père et leur mère travailleront-ils à les sauver ou à les perdre? — N'est-il pas vrai, ces mots font mal...

Perdre ces êtres chéris pour lesquels nous donnerions notre vie ! Perdre ces enfants que nous aimons mieux que nous-mêmes, est-ce bien possible? — Oui, mes frères, et cette possibilité se réalise chaque jour.

Nous sommes persuadé qu'au grand jour du jugement, dans ce suprême interrogatoire que subiront toutes les créatures humaines, quand Dieu, comme après la chute, demandera aux pécheurs impénitents : N'avez-vous pas fait ce que je vous avais défendu? un grand nombre répondront : Le père et la mère que tu m'avais donnés m'ont détourné de toi. En d'autres termes : Ce père et cette mère que tu m'avais donnés pour me conduire à toi... ils m'ont perdu... Alors le père et la mère ne s'excuseront pas comme Ève s'excusa. La pensée d'avoir perdu leur enfant l'emportera en amertume sur celle de leur propre perdition. Ils pousseront un gémissement de douleur tel que l'enfer lui-même en frémira; car, de toutes les douleurs, en est-il une dans ce monde ou dans l'autre qui soit égale à celle d'avoir perdu ses propres enfants par sa faute? Ah ! qui douterait après cela de l'importance de l'éducation! qui ne sentirait tout ce qu'elle a de grand et de redoutable! Et qui donc, appelé à une tâche semblable, oserait dire qu'à sa vie manquent les devoirs nobles et relevés! Combien en particulier la femme qui ambitionnerait une autre vocation que celle-là serait insensée! Ce serait aspirer à descendre; car, de tous les pouvoirs qui s'exercent sur la terre, le plus incontestable en bien ou en mal, c'est celui de la mère. C'est dans les bras des mères que l'humanité s'élève et que, de génération en génération, elle reçoit ou les plus précieuses ou les plus fatales influences. N'est-ce pas par l'éducation que nous pouvons le plus ressembler à Dieu, puisque l'histoire entière n'est que l'éducation de l'homme par Dieu? Nul travail n'a une portée aussi directement éternelle que celui-là. C'est un travail solennel, d'une grandeur écrasante, et auquel nous ne devrions nous livrer qu'avec une indicible émotion, en pensant à la question de vie ou de mort que nous tranchons en l'accomplissant.

En parlant de l'importance de l'éducation, nous avons déjà parlé du but qu'elle doit poursuivre. Il est évident qu'il ne saurait différer de celui que Dieu poursuit pour l'humanité. Ce but, c'est le salut de l'enfant; tout doit y concourir et y converger. Je ne crains pas d'insister sur ce point, malgré les développements dans lesquels nous sommes déjà entrés. Parents chrétiens, nous vous dirons d'abord : Ayez un but nettement déterminé en éducation. L'une des causes les plus efficaces et les plus fréquentes d'une mauvaise éducation c'est l'absence de but. Il est un grand nombre de parents qui montrent beaucoup de sagesse, d'habileté, de prévoyance dans les affaires de la vie, et qui vont à l'aventure dans l'éducation, se bornant à suivre la coutume, la tradition, sans s'être demandé une seule fois : Que dois-je faire de cet enfant? Le statuaire qui veut tailler dans le marbre une statue ne prend son ciseau que quand il a mûri son dessein par une méditation profonde; et quand il s'agit de tailler, non pas le marbre muet et insensible, mais l'âme elle-même; quand il s'agit de toucher à ses fibres les plus sensibles et les plus délicates, l'éducateur, ce statuaire moral, appelé à faire revivre dans l'enfant l'image de Dieu, commencerait l'entreprise au hasard, sans y bien réfléchir! Comment s'étonner qu'une œuvre ainsi entreprise à la légère soit informe et incohérente? N'espérez donc pas arriver à aucun résultat sans une vue nette du but à poursuivre.

Mais ce n'est pas tout d'avoir un but, il faut n'en avoir qu'un : Dieu n'en a eu qu'un pour l'humanité. Voilà six mille ans qu'il agit dans le monde, et il est facile de reconnaître qu'il n'a eu d'autre pensée que de nous réconcilier avec lui. Considérez l'histoire de l'humanité en général et celle du plus chétif de ses enfants, vous retrouverez toujours cette immuable pensée. C'est là ce travail du Père dont parlait Jésus-Christ, qui se poursuit sans interruption depuis le commencement du monde. Dieu s'est reposé après l'œuvre de la création, mais il n'y a pas eu de sabbat pour lui dans l'œuvre de la rédemption. Il ne s'en est jamais laissé détourner. C'est cette fixité de dessein qui a assuré le succès de l'entreprise. Imitez-le encore à cet égard. Rien n'est plus fatal que de poursuivre deux buts différents et contradictoires. Vous ne pouvez pas à la fois chercher pour vos enfants les avantages de la piété et ceux de la mondanité. Vous ne concilierez pas mieux pour eux le service de Dieu et celui des intérêts temporels. Souvenez-vous qu'en poursuivant ces deux buts vous leur apprendrez, par votre exemple, cette triste inconséquence, l'un des plus grands fléaux de la vie morale. Les cœurs partagés sont en réalité des cœurs refusés à Dieu.

Mais, mes frères, gardez-vous de penser que cette unité de but dans l'éducation vous condamne à une sorte de puritanisme étroit qui aboutisse à la mutilation des facultés de l'homme. Quand nous disons qu'il faut viser au salut de l'enfant, nous ne voulons pas seulement dire qu'il faut l'amener à recevoir le pardon de Dieu. Le salut n'est pas seulement la délivrance de la condamnation, c'est encore le renouvellement de notre être. Dieu, en sauvant l'humanité, n'a pas voulu la détruire, mais, au contraire, la reconstituer; et Jésus-Christ est venu réparer tout ce que la chute avait souillé et altéré. Il y aurait donc une grave erreur à renoncer, sous prétexte de piété, au développement total des facultés de l'enfant. On irait ainsi directement contre les vues de Dieu, qui apparemment ne s'est pas trompé en lui faisant ces dons si divers et si précieux. Le Dieu de la grâce est le même que le Dieu de la création, et les dons naturels doivent s'épanouir dans leur fleur brillante au soleil de justice qui porte la santé dans ses rayons et guérit tout ce qu'ils auraient contracté de maladif par le péché. L'éducateur qui prétendrait retrancher quelqu'une des facultés primordiales de l'être humain ressemblerait au cultivateur qui couperait les branches vivaces des arbres qui lui sont confiés. La nature humaine ne se laisse pas ainsi mutiler; elle se venge de ceux qui compriment son essor légitime; elle se jette dans des réactions terribles. Le puritanisme étroit en éducation provoque la révolte chez les âmes énergiques, et de tristes exemples sont là pour nous apprendre jusqu'où un caractère ardent peut être porté par la tyrannie religieuse qui lui a refusé l'air et la lumière. Ayez donc pour but de reconstituer, avec le secours de Dieu, la vraie nature humaine, en la respectant dans tous ses éléments. Il vaut mieux amener toute pensée captive à Jésus-Christ que d'interdire à l'intelligence et à l'imagination de prendre librement leur vol. Donnez donc à vos enfants une instruction large et solide, toujours basée sur la vérité. Souvenez-vous qu'ils auront des devoirs à remplir vis-à-vis de la société et de leur pays, et que vous devez les en rendre capables. Gardez-vous bien de croire que le christianisme ne tolère que la médiocrité; montrez, au contraire, qu'à son école se trempent les caractères énergiques et se forment les plus nobles intelligences. Il faut qu'on sache que le meilleur moyen d'avoir des hommes complets c'est d'avoir des chrétiens sérieux, et qu'en définitive le chrétien est l'homme normal, du moins en tant qu'il est conséquent. L'éducation vraiment chrétienne doit être à égale distance d'une étroitesse puérile et téméraire et d'une mondanité dangereuse. Elle doit nécessairement poursuivre le but de Dieu à notre égard, qui est la reconstitution par Jésus-Christ de l'homme véritable, en subordonnant toujours les choses secondaires à la seule chose nécessaire, mais en trouvant dans celle-ci un principe fécond qui porte partout la vie et la lumière.

Maintenant que nous connaissons le but de l'éducation, il nous sera facile de déterminer les principes qui doivent la diriger. Ces principes, allons les demander à Dieu, car ils doivent être identiques à ceux qui ont présidé à l'éducation de l'humanité. Ils sont résumés dans un mot admirable de notre texte, la *compassion*, ou l'amour miséricordieux. La charité, voilà l'inspiration de Dieu dans ce plan du salut qu'il a poursuivi à l'égard de la race déchue. Il ne s'est jamais lassé dans ses compassions infinies. Sa patience a été plus persistante encore que nos péchés. S'il s'était rebuté un seul jour de cette tâche ingrate, c'en était fait de nous. Telle doit être également l'inspiration de l'éducation chrétienne. Elle doit être incessamment animée par un amour miséricordieux et compatissant. Elle a sans doute ses joies et porte avec elle sa récompense, mais elle a aussi ses épines et ses difficultés. La nature de l'enfant, c'est la nature humaine, dégradée, tournée au mal; le cœur de l'enfant, c'est ce cœur désespérément malin dont parle l'Ecriture, plein de détours et de rébellion, et où s'agitent les convoitises du péché. Que de motifs de tristesse et de découragement! L'amour purement humain sera bien promptement lassé. Il se ranimera par intervalles avec ardeur, mais pour être bientôt remplacé par la colère. Rien n'est plus désastreux en éducation que l'impatience; aussi l'Apôtre a-t-il soin de dire expressément : Pères, n'irritez pas vos enfants, — car le premier effet de l'irritation est de se communiquer. Elle ôte toute dignité à la répréhension, elle fait un mal affreux à l'enfant, soit qu'elle l'exaspère, soit qu'elle l'épouvante. Combien souvent ces natures frêles et délicates n'ont-elles pas été bouleversées par les éclats de la colère! Comme un orage destructeur elle y fait de terribles ravages, soit qu'elle allume en elles une irritation secrète, soit qu'elle les brise en les effrayant. Nous ne saurions donc trop vous presser de garder vos âmes par la patience dans la pratique de ces devoirs difficiles. Que toujours l'enfant se sente aimé de vous comme toujours l'homme se sent aimé de Dieu. Ne lui inspirez jamais cet effroi qui engendre la lâcheté et le mensonge, et rappelez-vous que l'amour seul est bienfaisant pour l'âme.

Mais, d'un autre côté, ne confondez pas l'amour avec cette bonté faible qui ne sait jamais déployer de fermeté. Encore sur ce point imitez la charité de Dieu. Ce Dieu des compassions éternelles n'a pas hésité à frapper l'humanité des coups les plus rudes pour la sauver. Il n'a pas craint de lui faire goûter toutes les amertumes du péché. Il a dévasté la terre sous ses pas, assombri le ciel sur sa tête. Il l'a découronnée de sa gloire et de sa beauté. Il lui a envoyé châtiment sur châtiment, et voilà bientôt soixante siècles qu'un immense cri de désolation monte vers lui, et ce cri de désolation c'est la plainte de l'humanité frappée dans tous ses enfants. Ce cri, Dieu l'entend, et il est ému pour elle d'un amour immense. Croyez-vous qu'il soit indifférent à toutes ces larmes des créatures humaines? N'est-il pas dit qu'il ne les afflige pas volontiers et qu'il ne les éprouve qu'à contre-cœur. Et cependant la mort et son lugubre cortége continuent à semer le deuil dans toutes les demeures des hommes. C'est que l'amour de Dieu est un amour saint, un amour qui est par là même sanctifiant. Il ne consent pas à notre dégradation, il châtie parce qu'il aime et il aime en châtiant. Son amour est trop grand pour qu'il nous abandonne à un vulgaire bonheur qui achèverait notre perdition. Sa sévérité tient à sa miséricorde et à son ferme dessein de nous arracher au mal, en brisant tous nos liens et même les chaînes de la félicité terrestre. Vous aussi, mes frères, vous n'obéirez vraiment au principe d'amour qui doit être l'âme de l'éducation chrétienne, que lorsque cet amour saura se manifester par une juste sévérité. Vous ne pouvez donner de meilleure preuve de tendresse à vos enfants, car cette sévérité vous ne la déploierez qu'avec un cœur déchiré et qu'en triomphant de vous-mêmes. Mais si vous les aimez pour eux et non pour vous, vous n'hésiterez pas à imiter l'éducateur divin. Vous vous direz que la faiblesse pour le péché est une cruauté pour le pécheur. Vous vous convaincrez du mal affreux qu'elle a produit de tout temps en livrant sans frein l'enfant à ses mauvais penchants. Celui qui ne sait pas punir ne sait pas aimer. C'est un père égoïste qui ne se soucie pas de l'âme de son enfant, ni de son développement moral, et qui en fait un jouet dont il s'amuse. Il recueillera ce qu'il aura semé, et bien loin d'être plus aimé pour avoir été plus faible, il ne rencontrera plus tard que la froideur pour prix de son insouciance. L'amour véritable est à la fois tendre et fort. La mollesse n'est pas plus la tendresse que la dureté n'est la force. Où en serait l'humanité si Dieu ne l'avait pas châtiée après la chute? Elle serait arrivée à cet état d'endurcissement ou de frivolité morale auquel vous amènerez bientôt vos enfants, si vous ne savez pas leur montrer votre amour par une juste sévérité toutes les fois qu'elle est réclamée pour leur bien.

Nous avons considéré l'importance, le but et l'inspiration de l'éducation chrétienne. Il nous reste à chercher par quels moyens il nous est possible d'atteindre le but assigné. Et d'abord, mes frères, soyez bien pénétrés d'une pensée, c'est que les moyens doivent toujours être dignes du but. Dieu emploie les plus excellents moyens pour la fin la plus excellente. Tout moyen qui n'est pas digne du but se transforme en obstacle, et les facilités apparentes qu'il nous offre nous préparent d'innombrables difficultés. Ne mettez donc en jeu chez vos enfants que des mobiles vraiment chrétiens. Ne pactisez pas avec l'esprit du monde en faisant appel à leur orgueil, en excitant imprudemment leur émulation, en faisant vibrer les cordes de l'intérêt personnel ou de l'amour-propre. Vous aurez à lutter contre mille obstacles venus du dehors et aussi contre votre propre orgueil paternel. Il est salutaire qu'ils comprennent de bonne heure que le chrétien, tout en étant dans le monde, n'est pas du monde, qu'il a des règles de conduite entièrement différentes, et qu'il est appelé à servir et non à dominer et à primer.

Il faudrait entrer ici dans une foule de détails ; mais nous sommes obligé de confier à votre conscience et à votre tact chrétien le principe que nous avons ainsi défini : *Pour ce but excellent n'employez que des moyens excellents.* Il est, mes frères, un moyen puissant d'atteindre ce but, c'est de donner vous-mêmes l'exemple d'une piété sérieuse. Ce n'est pas par coups d'autorité que vous amènerez vos enfants à la foi. L'âme se refuse à qui la violente, et elle a raison. L'autorité paternelle ne va pas jusqu'à produire les convictions par commandement. Ces convictions naissent et se développent au contact d'une piété vivante et conséquente. Il faut l'air du ciel à la plante céleste que nous voulons faire croître dans le cœur de nos enfants, et cet air du ciel on ne le respire pas par bouffées. La vie chrétienne le répand autour d'elle avec cette bonne odeur de Jésus-Christ dont parlait saint Paul. L'enfant qui a grandi sous ces influences bénies en garde un impérissable souvenir. Ce sera pour lui, aux années de luttes, une force secrète mais toute-puissante qui le ramènera à Dieu. Les souvenirs de la piété se confondront pour le jeune homme avec les souvenirs purs et attrayants de ses premières années. Ils en auront le charme et il lui restera toujours dans la conscience une vive clarté pour discerner le bien du mal. Rien au contraire n'est plus fatal pour l'enfant que les inconséquences dont il peut être le témoin. Il discerne le mal avec une étonnante perspicacité. Une parole légère, un mouvement condamnable sont immédiatement saisis par lui et portent le ravage dans son cœur. Quel motif, mes frères, pour veiller sur nous-mêmes avec un soin scrupuleux! Il est une parole mystérieuse du Sauveur que des parents chrétiens ne doivent point hésiter à s'appliquer : *Je me sanctifierai pour eux.* Oui, sanctifions-nous pour ces êtres bien-aimés sur lesquels nos actions exercent une telle influence! Que la grande affection que nous leur portons soit un motif nouveau pour éviter le mal et pour détester le péché, qui aurait un contre-coup immédiat sur eux! Sanctifions-nous pour eux afin de ne pas les entraîner dans nos chutes, et que l'amour que nous leur portons vienne s'ajouter à celui que nous avons pour Dieu, pour nous retenir dans la voie du bien à l'heure de la tentation. « Qu'entre le mal et toi se dresse ton fils! » disait un poëte païen dans une inspiration presque chrétienne. Qu'entre le péché et vous, dirons-nous au père et à la mère, se dresse l'enfant qu'il vous faut conduire au ciel. Cet être faible, impressionnable, sur lequel se concentrent toutes nos sollicitudes, ne sera-t-il pas, par sa faiblesse même, une barrière bien forte pour nous retenir au bord de l'abîme.

Les considérations que nous venons de développer donnent un nouveau poids à celles que nous vous avons déjà présentées sur le devoir de fonder le mariage sur l'union dans la foi. Comment, si l'un des époux n'est pas chrétien, entourer l'enfant de cette influence bénie de la piété? Ne sera-t-il pas placé entre des influences contradictoires, et ces contradictions de tous les moments ne jetteront-elles pas le trouble et l'incertitude dans sa conscience? Ne défera-t-on pas d'un côté ce qui aura été fait de l'autre? Cette seule considération suffirait pour mettre à l'abri de toute objection le principe que nous avons posé.

Si nous en venons maintenant aux moyens directs

de l'éducation chrétienne, nous indiquerons d'abord ce que nous appellerons la discipline. Il faut saisir d'une main douce et ferme à la fois le gouvernement de l'enfant, le guider pas à pas, lui ménager le travail, le plaisir, le châtiment avec tact et mesure. L'important est de lui faire sentir qu'il y a une règle à laquelle il doit se soumettre et se plier. La période de l'éducation, c'est la période de l'autorité, de la loi. Dieu a voulu que la loi qui devra toujours être obéie fût rendue visible, en quelque sorte, à l'enfant dans la personne du père. La première des sciences est celle de l'obéissance, car elle est le point de départ de toutes les réparations et de toutes les réintégrations de l'humanité, qui ne s'est perdue que par la rébellion. L'enfant doit donc apprendre avant tout qu'il n'est pas son maître, que sa volonté n'est pas absolue, mais qu'elle doit céder à une volonté supérieure. C'est là ce qui fait l'utilité de cette tutelle de tous les moments, et de cette direction incessante à laquelle il doit se soumettre. Il apprendra ainsi peu à peu à connaître la loi supérieure qui doit le diriger à son tour, et, lorsque les lisières seront tombées, il saura se soumettre au devoir sans avoir besoin d'une autorité visible et tangible. Il est très important de maintenir la règle dans la famille, comme aussi de saisir le moment où l'émancipation morale commence. C'est un point délicat à discerner. Le but de la discipline doit être cette émancipation morale basée sur l'obéissance. Le père ne doit jamais oublier qu'il a à faire l'éducation d'une créature libre et responsable, et non à pétrir une matière inerte. Qu'il ait toujours devant les yeux l'exemple de Dieu, préparant, par la période de la loi, la période de l'affranchissement, et conduisant l'humanité à la liberté par l'obéissance. L'Ancien Testament bien compris contient les plus admirables préceptes d'éducation et nous les montre appliqués en grand par Dieu lui-même.

« Instruisez vos enfants dans le Seigneur, » disait l'apôtre Paul. Sans l'accomplissement de ce devoir, il n'y a pas d'éducation chrétienne. Il n'en est pas dont la réalisation soit plus douce et plus facile. C'est à nos yeux l'une des plus grandes gloires du christianisme d'être si merveilleusement adapté à l'enfant. Rien ne prouve mieux combien il répond aux besoins vrais et profonds de l'âme, et rien ne prouve mieux non plus que celle-ci est de race divine. A peine a-t-on parlé de Dieu au petit enfant, à peine ce nom saint a-t-il été prononcé, qu'il a compris ce que les sages ont souvent désappris de comprendre. Ce nom réveille en lui une idée nette, vraie; on sent que la main même du Créateur l'avait écrit dans son cœur. Au premier contact du divin, l'âme humaine fait entendre une harmonie profonde, comme une harpe du ciel faite pour chanter Dieu. Ses cordes peuvent se détendre et se briser, mais elle n'en est pas moins originairement destinée au cantique éternel et non au rire moqueur et au blasphème. Ce n'est pas seulement l'idée de Dieu qui se réveille ainsi chez l'enfant; mais quand on lui parle de Jésus-Christ, il comprend aussitôt, et il éprouve bientôt un naïf amour pour sa personne. Celui qui a entendu l'enfant de quelques années s'entretenir avec sa mère des glorieux mystères du pardon et de la croix, qui a vu son œil humide de larmes quand on lui a dépeint les souffrances rédemptrices; celui qui a recueilli ces paroles où la profondeur s'unit à une simplicité candide, celui qui a entendu sa prière si simple et si vraie, redit avec adoration ces mots de Jésus-Christ :

Je te rends grâce de ce que tu as révélé ces choses aux enfants! Oh! l'enfant est souvent un grand théologien avec sa simplicité et sa bonne foi. Ce qui le touche dans l'Evangile, c'est bien l'essentiel, et nous aurions beaucoup à apprendre de lui. Parents chrétiens, ne perdez pas de temps pour tourner vers Jésus-Christ cette jeune intelligence. Ouvrez-lui immédiatement les lumineuses perspectives de l'amour divin. Nourrissez de vérité sa pensée, et semez la foi sur le sol vierge de sa conscience. Développez surtout en lui le sentiment du péché et le sentiment du pardon. S'il vous quitte pour le combat de la vie avec cette double conviction, ne craignez rien; ces deux ancres retiendront la barque au rivage, quelque violente que soit la tempête.

La tempête! elle gronde déjà dans ce cœur, et bientôt elle va secouer cette jeune destinée au milieu de ce monde de tentations et de périls qui l'attend. Que d'inquiétudes! que de sollicitudes poignantes! A-t-on bien préparé l'enfant pour la lutte future? Ne s'est-on pas trompé? Que va-t-il devenir? Mes frères, il faut de la foi dans l'éducation comme partout. N'oubliez pas que l'épreuve et la lutte sont entrées dans le plan de Dieu; je n'en veux d'autre preuve que la loi donnée en Eden à l'homme innocent. Mettez votre confiance en Celui qui achèvera et perfectionnera l'œuvre que vous avez commencée. N'avez-vous pas le moyen infaillible de réparer tout ce qui a été imparfait dans votre travail? Si jamais la prière nous est précieuse et indispensable, n'est-ce pas dans l'accomplissement d'une tâche si grande et si impossible? Combien l'homme est impuissant pour agir sur son semblable dans le sens du bien et du salut. Comme on sent que sans Dieu c'est en vain qu'on se lèvera matin et qu'on se couchera tard, en vain qu'on se consumera dans l'ardeur de son affection! La grâce seule porte la vie éternelle dans les cœurs; mais nous pouvons la demander. La prière est ici, comme en tout, la suprême ressource. La meilleure éducation sera celle à laquelle auront présidé les plus véhémentes prières. Il faut que les pères et les mères apprennent ce travail douloureux de l'enfantement spirituel, et qu'ils conquièrent de haute lutte le royaume de Dieu pour leurs enfants. C'est au pied de son trône que leur âme troublée s'apaisera et qu'ils recevront cette assurance que Paul reçut du Seigneur : « Je t'ai donné tous ceux qui naviguent avec toi. »

L'Evangile nous a montré le type des mères chrétiennes dans ces humbles femmes qui, un jour, vinrent présenter leurs enfants à Jésus-Christ, afin qu'il les bénît. « Laissez-les venir à moi, » a-t-il dit. Cette parole est votre trésor, ô mères chrétiennes; elle renferme tous vos devoirs et toutes vos consolations. Ce mouvement de foi et d'amour, qui vous fait présenter au Sauveur vos enfants bien-aimés, ce mouvement d'une piété sincère, renouvelé tous les jours, constitue au fond toute l'éducation chrétienne; car celle-ci n'a pas de but plus élevé. Un enfant qui a été vraiment déposé dans les bras de Jésus a atteint le grand but de sa vie; on ne peut rien désirer ni demander de plus excellent pour lui. Souvent le petit enfant, souverainement attiré par le Maître, demeure pour l'éternité dans ses bras, et alors il faut le bénir en pleurant; car il échappe à toutes nos souillures, à toutes nos tristesses. D'autres fois, il semble qu'il ait voulu quitter pour toujours l'asile sacré. L'enfant a grandi, il s'est lancé dans le tourbillon du monde ; la foi des premières années s'est éclipsée. — Mère chrétienne, ne perds pas courage ; il te sera fait selon ta foi, et si ton fils t'afflige encore davantage, s'il se plonge dans la corruption du siècle, cherchant dans l'incrédulité une excuse à ses péchés, crois encore et souviens-toi de cette chrétienne vraiment sainte, de cette Monique, la mère d'Augustin, dont le nom ne pourra jamais être passé sous silence dans un pareil sujet. Rappelle-toi pendant combien d'années elle attendit, le cœur brisé, mais confiant, tandis que son fils allait de ville en ville, sacrifiant à la vaine gloire et à la volupté, et méprisant l'Evangile de grâce. Rappelle-toi ce jour où, tandis qu'il la quittait pour se plonger dans les débordements de Rome, elle tomba sur le rivage d'Afrique dans une agonie de douleur et presque morte de tristesse. Mais, ainsi qu'on le lui avait dit, il était impossible que le fils de tant de larmes et de tant de prières pérît ; et le jour vint où il confessa, d'un cœur pénitent, ce Jésus qu'il devait servir comme Paul. Elle put s'endormir dans ce ravissement de joie chrétienne dont saint Augustin, dans une page merveilleuse, nous a conservé le souvenir : « Car voici, celui qui était perdu avait été retrouvé. Elle m'avait enfanté dans son cœur, disait ce fils tant aimé, pour que je naquisse à la lumière éternelle. » Ah ! ne désespérons jamais de l'amour de Dieu quand nous l'avons invoqué avec larmes pour une âme égarée, et n'oublions pas que le ciel et la terre passeront avant que notre Dieu ait manqué à une seule de ses promesses.

Mes frères, dans tout le cours de cette prédication, nous avons parlé à des croyants. N'aurions-nous aucun conseil à donner à ceux qui ne le sont pas pour l'éducation de leurs enfants ? Nous n'en aurons qu'un seul : c'est de devenir chrétiens. Nous ne comprenons pas l'éducation sur d'autres bases que celles de l'Evangile. Cela est si vrai que la plupart des hommes qui n'en veulent pas pour eux-mêmes, n'osent pas en priver leurs enfants. Ils n'ont pas le courage de leur communiquer leurs négations arides et désolantes. Ils sentent que leur incrédulité n'est pas faite pour une âme encore naïve, et ils ont peur de leur doctrine quand ils la jugent à ce point de vue. Qu'ils essayent donc de parler à l'enfant de ce Dieu qui n'est pas un Père, qui est partout dans l'univers, ou bien qui demeure oisif dans le ciel ; il ne comprendra rien à de telles notions. Le père de l'enfant prodigue, voilà le Dieu qui le touche. Il faut se méfier des croyances que l'enfant ne peut comprendre. Si elles ne sont pas en harmonie avec l'âme encore vierge et non faussée par l'esprit de système, c'est une preuve qu'elles reposent sur l'erreur et non sur la vérité. Philosophes incrédules, vous n'avez rien à donner au cœur de vos enfants. Pesez bien la portée de cette parole, et examinez si votre doctrine ne serait pas aussi peu faite pour vous que pour eux. Le pain qui nourrira leur âme est aussi celui qui nourrira la vôtre. C'est pourquoi nous vous invitons, avec Jésus-Christ, à devenir de nouveau enfants comme eux, c'est-à-dire à lui apporter la bonne foi et la simplicité ; car nul ne verra le royaume de Dieu s'il ne devient semblable à un petit enfant.

CINQUIÈME SERMON

LES JEUNES GENS DANS LA FAMILLE
ET DANS LE MONDE

Jeunes gens, je vous écris, parce que vous avez vaincu le malin.

(1 JEAN II, 14.)

Mes frères,

Toute relation dans la famille correspond à un devoir. Nous avons parlé des devoirs des parents envers les enfants; nous ne pouvons passer sous silence ceux des enfants envers les parents. Ce serait donner à penser qu'ils n'ont qu'à se laisser passivement aimer et qu'à se prêter au dévouement infatigable dont ils sont l'objet. Il faut qu'ils comprennent qu'ils ont de grands devoirs à remplir, et que, pour être simples, ceux-ci n'en sont pas moins importants. Nous les rappellerons brièvement; puis nous considérerons quelle est, d'une manière générale, la vocation de la jeunesse. Ce ne sera pas nous écarter de notre sujet; car nous montrerons quelles forces précieuses sont ménagées au jeune homme dans les affections de famille.

« Enfants, obéissez à vos pères et à vos mères, car cela est agréable au Seigneur » (Eph. VI, 1). Cette parole apostolique résume tous les devoirs des enfants vis-à-vis de leurs parents dans la première période de leur vie. Il s'agit ici de cette obéissance cordiale qui n'est point le fruit de la peur ni de la contrainte, de cette obéissance qui repose sur l'amour et qui en est la forme respectueuse. Le droit du père et de la mère est sacré entre tous. Dieu a fait du père son représentant auprès de l'enfant. Il lui communique quelque chose de sa majesté et de son autorité, et a mis dans son cœur un reflet de son propre amour pour les êtres qu'il a créés. Quant à la mère, est-il un homme qui conteste ses droits? Ah! ses droits! ils sont dans cette tendresse immense, incomparable, dont elle n'a cessé d'envelopper son enfant, dans ce dévouement de tous les instants, dans ces souffrances endurées pour lui, dans ce regard humide dont elle l'a couvé, dans cette affection unique dans le monde, qui ne peut être invoquée sans émotion. Je croirais vous faire injure en parlant plus longtemps des droits de la mère. Ils sont inscrits profondément dans nos cœurs. Et pourtant le jeune homme oublie facilement ces droits du père et de la mère, soit que la grandeur de leur amour lui cache la grandeur de sa propre obligation, soit que l'esprit de rébellion, naturel au cœur de l'homme, se réveille promptement en lui. Qu'il sache qu'il viole, par son insubordination, l'un des commandements de Dieu les plus formels, le premier, dit saint Paul, qui ait une promesse. L'insubordination, le manque de respect envers les parents rejaillit jusqu'à Dieu, dont la cause est identifiée avec la leur. Aussi l'affection filiale est-elle appelée avec raison piété. Comment celui qui ne respecte pas son père qu'il voit, et qui ne lui obéit pas, obéira-t-il au Père céleste qu'il ne voit pas? Le mauvais fils sera nécessairement un mauvais chrétien, ou plutôt il sera en dehors du christianisme, qui n'a pas abrogé un seul de nos devoirs naturels, mais qui leur a donné une extension nouvelle et une divine consécration.

Le relâchement de l'esprit de soumission dans la famille est un symptôme effrayant pour la société entière. Rien ne dénote davantage l'anarchie morale. On peut être sûr que la vraie liberté disparaît dans la même proportion ; car, nous ne nous lasserons pas de le dire, elle repose en définitive sur le sentiment moral, et le sentiment moral se forme par l'obéissance. Les enfants rebelles ne seront pas des hommes forts. Les générations les plus vigoureuses ont été formées à l'école de la soumission. C'est à vous tout d'abord, jeunes chrétiens, à pratiquer scrupuleusement le devoir de l'obéissance filiale. Il n'est pas pour vous de meilleur moyen de servir le Seigneur au sein de la famille. Sans doute, cette obéissance a sa limite : on ne peut, même pour obéir à un père, désobéir à Dieu. Nous pouvons lui subordonner notre volonté, mais jamais notre conscience. Toutefois, sondez bien vos motifs quand vous croyez voir un conflit entre une volonté de Dieu et la volonté paternelle. Prenez garde de sanctionner hypocritement la rébellion, sous prétexte de fidélité chrétienne. Ce serait violer deux fois la loi de Dieu. Quand viendra le moment où l'obéissance ne conserve plus sa forme enfantine, que votre émancipation morale soit toujours compatible avec le respect et la déférence que doivent vous inspirer les cheveux blancs de votre père. Ce que vous avez dû retrancher à la soumission absolue, compensez-le par un dévouement de tous les instants. Sentez la dette sacrée que vous avez contractée. Entourez des soins les plus tendres, de la plus prévenante sollicitude ceux qui vous ont comblés de tant d'affection; et montrez au monde que, pour ce devoir comme pour tous les autres, l'amour de Jésus-Christ est le grand secret de la perfection, et que le meilleur moyen d'aimer les hommes et d'aimer surtout ceux qui nous sont unis par des liens si étroits, c'est d'aimer et de servir Dieu. Montrez aussi ce même dévouement dans les relations qui vous unissent aux membres plus jeunes de la famille, à ceux qui sont vos frères et vos sœurs par le sang. Recherchez une fraternité plus élevée, plus bénie; accomplissez dans cette petite société de la famille la grande loi d'amour et de charité, en cherchant le bien éternel de ceux qui vous tiennent de si près au cœur. Vous avez en commun l'héritage terrestre; tendez à avoir le ciel en commun. Réalisez ainsi dans l'enceinte du foyer domestique les belles paroles de notre texte. Triomphez du malin; remplacez l'esprit de rébellion par l'esprit de soumission et de respect, l'esprit d'égoïsme et de rivalité par l'esprit d'amour, l'esprit du monde par l'esprit de Jésus-Christ.

Mais la vocation des jeunes gens n'est pas uniquement renfermée dans la famille; ils entrent bientôt en contact avec le monde. Considérons ce que Dieu leur demande dans ces nouveaux rapports. Nous verrons aussi quels secours il leur a réservés dans les affections de famille, s'ils n'en ont pas seulement goûté les joies, mais encore pratiqué les devoirs.

D'après notre texte, la jeunesse est appelée tout spécialement à la lutte morale : « Jeunes gens, je vous écris, parce que vous avez vaincu le malin. » Pour vaincre, il faut combattre. Si la jeunesse doit être une victoire, elle doit être avant tout un combat. Telle est l'idée austère que le christianisme nous en donne. La vie chrétienne tout entière est un combat. Nous ne nous reposerons que dans l'éternité ; il n'y a pas de trêve dans cette guerre contre le péché ; mais il est une époque tout particulièrement vouée à la lutte : c'est la jeunesse. Voilà, il faut l'avouer, une manière de la concevoir bien différente des pensées du monde. Qu'est la jeunesse à ses yeux ? Comment la présente-t-il ? Pour le grand nombre, c'est le temps des beaux rêves, des illusions charmantes. Laissez, dit-on, laissez ce voile brillant et doré, qui, comme le riant éclat du matin, illumine la contrée et recouvre la réalité. Les maux et les peines ne surviendront que trop tôt. N'assombrissez pas cette heure matinale si fraîche et si radieuse. N'allez pas parler au jeune homme de lutte, de renoncement. Ne refroidissez pas son imagination. — En d'autres termes : Laissez-le dans le faux, dans le mensonge. Faites un amusement puéril d'un temps qui devrait être une préparation à une vie sérieuse. Laissez s'énerver dans la paresse du cœur et de la conscience les forces morales les plus précieuses. Fatale négligence ! La religion de la charité divine ne saurait l'admettre. Elle rejette bien loin cette poésie menteuse d'une rêverie amollissante, qui ôte à la vie sa vraie beauté. Ce n'est pas d'illusions que le jeune homme a besoin, c'est de vérité ; car il faut qu'il soit fortifié pour un combat redoutable. Le pain seul nourrit. La vérité est le pain de Dieu, le pain qui sort de sa bouche pour nous nourrir. D'ailleurs, les illusions conduisent aux déceptions. Qu'est-ce au fond qu'une illusion, sinon une fausse promesse du présent que l'avenir ne tiendra pas. Elle est nécessairement destinée à ne pas se réaliser. C'est un fantôme qui s'évanouit, un mirage qui se dissipe ; et, quand à sa place, la réalité nue, la réalité laide et terne comme la vie sans Dieu apparaît au regard épouvanté, l'amertume, l'irritation, remplissent le cœur, et au rêve succède l'amer désenchantement, l'ennui aigri, la vieillesse précoce, l'impuissance. Voilà le secret de la sombre misanthropie, du scepticisme moqueur de tant de nos semblables. Nous comprenons que ceux qui n'envisagent pas la vie au point de vue de l'Evangile aient besoin d'illusions, parce que pour eux la réalité est affreuse. Mais pour ceux qui connaissent Jésus-Christ, la réalité reçoit du sentiment du devoir une austère et noble beauté qui n'a pas besoin d'être déguisée et fardée. Le christianisme ne nous trompe pas. Il ne trompe pas le jeune homme, ni sur lui-même, ni sur l'humanité, ni sur la vie. Il lui dit : Il faut combattre, combattre dès aujourd'hui ; il faut te préparer à la lutte par la lutte. Point d'illusion, point de déception ; par conséquent, point d'amertume.

Nous avons parlé, mes frères, du point de vue mondain sur la jeunesse dans ce qu'il a de moins coupable ; mais vous savez comment il se formule trop souvent. Que parlons-nous d'illusions et de rêves ! Le monde, en général, ne donne-t-il pas son approbation à tous les écarts de la jeunesse, pourvu que dans ses désordres elle ne dépasse pas certaines limites conventionnelles et arbitraires. Vous connaissez ce dicton si répandu : *Il faut que jeunesse se passe.* Ces excès coupables, cette immoralité, ces grossiers plaisirs, cette dissipation, ces tromperies, c'est la jeunesse qui passe ; laissez-la jeter son feu. Et ainsi on encourage le jeune homme à courir dans la voie de la perdition, et on sourit à ses chutes. Quant à nous, nous ne pouvons entendre sans indignation ces excuses impies du péché. *Il faut que jeunesse se passe!* Mais dites-nous donc, ô vous qui, par ces mots, prétendez couvrir ses débordements, dites-nous donc ce qui passe avec elle quand elle a été ainsi profanée; dites-nous ce qu'elle emporte de bons sentiments, de dignité, de vigueur morale; dites-nous les affreux ravages de la débauche dans le cœur et dans la pensée. Personne mieux que vous ne pourrait nous renseigner sur les fatales conséquences d'une jeunesse souillée; et pour savoir jusqu'à quel point elle flétrit l'âme, abaisse l'intelligence et dégrade l'homme entier, il n'y aurait qu'à vous regarder. Quelle abominable joie éprouvez-vous donc à voir se perdre sur vos traces la génération qui vous suit! Il y a bien lieu de se réjouir, en effet, quand on est en présence d'un jeune homme qui gaspille les plus beaux dons de Dieu, perd ses meilleures années, empoisonne son âme et marche vers l'abîme, tout chancelant d'une ivresse impure! Voilà un beau spectacle! Il est digne de vos applaudissements. Sachez seulement que vous n'êtes pas seuls à applaudir, et que les démons qui l'entraînent ont applaudi avant vous.

Un compte sévère sera demandé par Dieu aux propagateurs de ces maximes funestes qui, d'avance, tuent chez le jeune homme le sérieux moral. Ils sont responsables d'une partie de ses fautes; car ils ont répandu dans l'atmosphère qu'il respire les miasmes impurs qui ont faussé sa conscience. Il n'avait pas trop de toutes ses forces pour vaincre, il avait besoin d'un appui; non-seulement ils le lui ont refusé, mais encore ils ont plutôt hâté sa chute. Arrière de nous, morale du monde, morale hypocrite et pervertie, qui ne consultes qu'une opinion mobile, incertaine, dispensant au hasard le blâme et l'approbation. Tu n'as jamais su que raffiner le péché au lieu de le supprimer. De toutes tes inconséquences, la plus fatale est cette indulgence plénière que tu as coutume d'accorder aux écarts du jeune homme. Il a besoin d'entendre de plus mâles conseils, il a besoin de cette austère parole : *Jeune homme réjouis-toi en ton jeune âge, marche comme ton cœur te mène; mais sache que pour toutes ces choses Dieu t'amènera en jugement.* Ce jugement ne sera pas celui d'un monde indulgent qui a été le complice de ses péchés, il sera rendu par le Dieu juste et saint dont les yeux sont trop purs pour voir le mal; l'heure en va sonner bientôt, demain, aujourd'hui peut-être. Un temps, à la fois court et précieux, lui est accordé pour échapper à la sentence fatale, et il n'a qu'une chose à faire pour cela : c'est de transformer sa jeunesse en un saint combat contre le mal, au nom de Jésus-Christ son Sauveur.

Ce combat, mes frères, l'Apôtre nous apprend combien il est sérieux. C'est un combat contre le malin. Mes jeunes amis, vous ne me contredirez pas quand je dirai que la guerre est rude, et qu'il faut combattre jusqu'au sang. Je m'adresse au jeune homme chrétien. Je ne crains pas de lui tracer le tableau de ses tentations avec les couleurs les plus vives; sa sécurité est dans le sentiment de son péril. Oui, c'est une lutte difficile, n'est-il pas vrai, mes jeunes frères, une lutte acharnée contre la tentation. D'autres peuvent contester l'existence de l'esprit pervers qui travaille à notre perdition, et la traiter de fable : vous savez bien qu'il existe, vous ne le savez que trop! Que de fois vous avez senti son souffle impur embraser vos convoitises! que de fois il a remué ce levain des mauvaises passions qui fermente en vous! Il trouve dans votre propre cœur des alliés fidèles et habiles. Il sait s'insinuer en vous, même aux heures les plus bénies. C'est lui qui éveille dans votre esprit ces pensées que vous détestez et qui vous poursuivent; c'est lui qui, dans la solitude, se met entre vous et Dieu; c'est lui qui fascine votre imagination. Dans le monde, vous le rencontrez comme dans son propre domaine. Où ne rencontrez-vous pas le mal? Tantôt paré et embelli, armé de la puissance de l'art et de la littérature; tantôt dans une nudité affreuse, qui plaît encore à certains instincts de notre mauvais cœur. Ouvrez-vous un livre de la littérature contemporaine, le mal y est le plus souvent étalé ou analysé? Entrez-vous en communication avec d'autres jeunes gens, leurs entretiens sont corrupteurs. Il n'est pas permis de rappeler ce qu'ils disent, non plus en secret, mais ouvertement. Vous savez quel est l'objet constant, presque unique de leurs préoccupations. Eh bien! à tant d'influences, il faut résister, résister avec un cœur naturellement mauvais. Il faut non-seulement éviter de commettre le mal, mais éviter de le contempler; résister aussi bien à la curiosité qu'à la convoitise. Il faut réagir contre tout ce qui nous entoure, et ne pas se conformer au présent siècle, tout en vivant dans ce siècle même, mêlé à son existence fiévreuse. Oui, votre tâche est rude; car il a plu à Dieu de vous faire vivre dans un temps profondément corrompu. Il y a eu des époques plus souillées, sans doute; il n'y en a pas eu de plus démoralisées. Ces influences générales peuvent être assimilées à ces esprits qui sont dans les airs, dont parle l'Apôtre. Vous avez à vous tenir constamment en garde contre elles. Et quand vous avez vaincu le démon de la chair, sur le sommet où vous aurez péniblement gravi, le démon de l'orgueil se présentera à vous, il vous montrera les richesses et les gloires du monde, et il remuera en vous de secrètes et ardentes ambitions. Il profitera de votre vie laborieuse et rangée pour vous enivrer d'un poison plus subtil que la volupté ; l'amour de la gloire et du succès, l'exemple de vos contemporains, la préparation de votre carrière future, et cette passion de réussir, de briller, d'emporter l'approbation des hommes, qui vous est si naturelle ; tout contribuera à vous entraîner. Supposons que vous ayez encore vaincu dans ce combat : vous êtes parvenu sur les hauteurs sereines de la foi humble et fervente. Là même sur cette cime, qui semble plonger dans l'azur du ciel, l'esprit d'orgueil reparaîtra devant vous pour essayer de vous perdre par le sentiment de votre victoire, en vous inspirant une satisfaction coupable, et la lutte devra recommencer avec tous ses périls et ses chances redoutables. Ne vous imaginez pas que les tentations inférieures seront chassées par les tentations nouvelles auxquelles vous résistez. Il est des jours où vous serez pressé de toutes à la fois, où l'ennemi lancera aussi bien le dard brûlant qui enflamme votre chair que la flèche acérée qui transperce votre cœur. Ange de lumière pour les côtés nobles de votre nature, il aura de grossières séductions pour ce fond de corruption qui est en vous comme en tout homme. Comment, engagé dans une guerre contre un tel ennemi, ne pas s'écrier avec terreur : Seigneur, qui est suffisant pour ces choses?

Qui est suffisant? Nul homme au monde, reconnaissez-le hautement. Quiconque se confie en lui-même est voué à une irrémédiable défaite. Au point de vue humain la victoire est impossible. Que celui qui en doute essaye de lutter, il expérimentera bientôt combien rapidement l'orgueil marche devant la ruine, la ruine des meilleurs désirs et des meilleures résolutions. Et pourtant l'apôtre Jean n'a-t-il pas dit : *Jeunes gens, je vous écris parce que vous avez vaincu le malin.* Il y a donc eu des vainqueurs dans cette lutte formidable, et ces vainqueurs n'étaient pas placés dans des conditions extérieurement plus faciles que vous. Les jeunes gens auxquels saint Jean écrivait, vivaient dans ces villes de l'Asie Mineure, où, sous le plus amollissant des climats, le paganisme avait développé la corruption des mœurs dans d'effroyables proportions. Ils n'avaient pas été élevés au sein de familles pieuses. La plupart d'entre eux étaient nés de parents païens; leurs premières impressions avaient été reçues au pied des autels de ces divinités infâmes, qui n'étaient que la personnification cynique de la volupté. Les tentations se multipliaient autour d'eux. Ils ne pouvaient parcourir la cité qu'ils habitaient sans rencontrer à chaque pas quelque infâme spectacle. Ils n'avaient pas même le frein de l'opinion publique; car tous ces débordements étaient approuvés et comme consacrés. Ils n'avaient pour appui humain que quelques esclaves méprisés, quelques hommes de basse condition, obscurs ou persécutés qui constituaient l'Eglise chrétienne d'alors. Et pourtant l'Apôtre les proclame vainqueurs : « Jeunes gens, je vous écris parce que vous avez vaincu le malin! » Preuve éclatante que la victoire est possible. Elle l'est par la grâce de Celui qui accomplit l'impossible, et il est de toute nécessité, mes frères, de croire au triomphe. Nous sommes placés entre deux extrêmes également dangereux : l'extrême confiance et l'extrême défiance. L'homme inconverti passe de l'une à l'autre; tantôt il croit arriver seul au bien, tantôt il regarde le mal comme une fatalité. Cela est surtout vrai pour les égarements de la jeunesse : elle les regarde comme inévitables; ils sont, d'après les pensées du monde, aussi inhérents à cette époque de la vie que les pluies ou les orages à telle ou telle saison de l'année. Rien n'est plus dangereux que ce fatalisme; n'y tombez jamais, ô jeunes gens chrétiens! Tremblez au sentiment de votre faiblesse, mais raffermissez-vous au sentiment de la grâce de Dieu. Croire à la défaite c'est être déjà vaincu, c'est céder pied à l'ennemi. Dites-vous qu'aucune tentation ne vous sera envoyée qui soit au-dessus de vos forces, au-dessus du moins des forces qui vous seront communiquées. Rappelez-vous ces jeunes gens d'Ephèse, de Laodicée ou de Thyatire, qui ont vaincu le malin dans un monde fait à son image et à sa ressemblance. Vous ne serez jamais exposés à de semblables tentations, et cependant ils ont vaincu. Ne faites pas à Dieu l'injure de croire que le malin soit plus fort que lui. Quand vous serez dans la fournaise de la tentation, au milieu de ces flammes plus redoutables que celles auxquelles avaient été condamnés les jeunes Israélites par le roi de Babylone, regardez près de vous, le Fils de Dieu est là, quoique invisible, et tant que vous attachez sur lui un regard d'humble prière, le feu, fût-il mille fois plus consumant, ne vous atteindra pas.

Nous venons, par ces derniers mots, d'indiquer le secret de la victoire après avoir montré sa possibilité. Avoir Jésus-Christ près de soi, tout est là. L'Apôtre a admirablement exprimé cette pensée dans notre texte quand il dit : « Vous avez vaincu le malin parce que *la Parole de Dieu demeure en vous.* » Qu'est-ce qu'avoir la Parole de Dieu demeurante en soi ? Ce n'est pas avoir dans l'esprit quelques textes bibliques à opposer à l'adversaire de nos âmes. Les textes ! il les connaît aussi et les emploie. N'a-t-il pas dit, à plusieurs reprises, dans la tentation de notre Sauveur : *Il est écrit.* La Bible n'agit pas comme un talisman, comme un charme magique ; ce qui importe c'est de l'avoir dans le cœur, de l'avoir dans sa substance et sa réalité[1]. Or la substance et la réalité des Ecritures c'est Jésus-Christ, Parole vivante et éternelle, d'après ce même saint Jean. C'est ce christianisme intérieur et personnel qui seul est efficace. Il n'est pas seulement une règle et un principe, il est en même temps une force cachée, mystérieuse, mais toute-puissante. Celui-là seul est fort qui a Christ en lui, qui vit de sa vie, qui est rempli de son Esprit. Il ne s'agit donc pas, mes frères, de mettre votre confiance dans des idées ou dans des formes ; il ne s'agit pas de croire que l'adhésion à telle ou telle doctrine vous rendra vainqueurs dans la lutte, ou que vous triompherez pour avoir suivi certains règlements ou avoir appartenu à certaines associations. Tous ces appuis vous manqueront au jour du danger et du combat. Cette paille et ce chaume seront consumés par le feu de la tentation ; et avec les idées les plus saines sur l'Evangile vous n'en tomberez pas moins. Seulement votre chute sera plus coupable parce que vous aurez été plus éclairés. Toute votre force est dans votre communion avec le Sauveur, et dans votre vie cachée avec lui. On n'improvise pas la victoire dans cette lutte contre le mal, elle est le

[1] Un respectable et bienveillant critique a reproché à ce morceau de diminuer l'importance des saintes Écritures au profit de la parole intérieure, mystique. Il nous semble au contraire que l'opposition est entre la Parole de Dieu prise d'une manière extérieure et judaïque, et cette même Parole saisie dans sa totalité et sa spiritualité par le cœur chrétien.

fruit du lent travail de la vie intérieure. Vous serez au jour des grands combats ce que vous aura faits votre vie habituelle, comme le soldat au jour de la bataille montre par le résultat la manière dont on l'y a préparé. Vous n'avez donc qu'un parti à prendre, c'est, pour parler avec saint Paul, de vous enraciner en Jésus-Christ, de vous unir étroitement à lui par la foi. Cette foi inséparable de l'amour est le seul bouclier qui nous préserve des traits du malin. Si l'on dépose dans le cours ordinaire de la vie ce bouclier divin avec la pensée de le reprendre au moment de l'attaque, il se couvrira de poussière et se rouillera dans l'inaction. Il faut en être constamment revêtu. Efforcez-vous donc de développer votre piété, de la nourrir, de resserrer tous les jours les liens qui vous unissent à Jésus-Christ. Faites de Lui l'ami, l'ami intime de votre jeunesse; donnez-vous à lui sans réserve, que la Parole de Dieu s'écrive tous les jours davantage dans vos cœurs! qu'elle finisse par demeurer en vous dans sa plénitude, en sorte que, possédant profondément cette Parole sainte, ce Verbe divin, vous puissiez dire : Pour moi, vivre, c'est Christ. — Alors le monde sera décidément vaincu pour vous. Christ n'a-t-il pas dit : *Prenez courage, j'ai vaincu le monde.*

Ne croyez pas qu'en acceptant du christianisme ce point de vue austère, vous ôtez à la jeunesse sa vraie beauté! Quoi de plus beau, de plus grand que la lutte morale! Lutter pour Dieu et pour le bien, c'est là vivre! Se laisser emporter au courant de ses pensées et de ses désirs, en devenir le jouet, ce n'est pas vivre, ce n'est pas du moins une vie digne d'une créature libre et responsable. D'ailleurs le renoncement qui vous est demandé porte exclusivement sur le mal. Tout ce qui est pur, noble, généreux, tout ce qui développe la pensée sans nuire à l'âme, vous appartient. S'il est une belle cause, même humaine, c'est à vous de la défendre. C'est à vous d'être les plus éclairés, les plus enthousiastes des hommes de votre génération. Puisez la liberté dans la profondeur de votre sentiment religieux. Prouvez que de toutes les jeunesses, la plus belle, la plus saine, la plus heureuse aussi, c'est la jeunesse chrétienne. Il ne vous sera que trop facile de faire ressortir sa supériorité aujourd'hui, car l'un des signes les plus inquiétants de notre époque, n'est-ce pas l'état de la jeunesse? Quand l'a-t-on vue plus sceptique et plus corrompue à la fois, plus blasée et plus ennuyée. Dans d'autres temps, il y avait sans doute beaucoup de débordements, mais enfin les grandes causes faisaient battre les jeunes cœurs. On rencontrait encore parmi eux le désintéressement et une certaine générosité. Aujourd'hui, sauf quelques exceptions et quelques éclairs passagers, la jeunesse unit le calcul à la débauche, un égoïsme hautement avoué à la corruption. Elle ne se soucie plus d'aucun intérêt général; elle ignore les témérités généreuses, elle est prudente; elle veut à la fois jouir à son aise et s'établir sur un bon pied dans le monde. Ce n'est pas qu'elle manque de principes. Elle a des principes, mais en parfaite harmonie avec sa conduite. Elle professe en général la plus déplorable incrédulité. Que Dieu ait pitié de nous! la génération qui nous suit est pire que la précédente.

Il faut qu'en face de cette jeunesse usée, vieillie et incrédule on voie une jeunesse chrétienne pleine de sève et d'énergie! Il faut qu'on sache que c'est dans le cœur des jeunes chrétiens que s'est réfugié l'enthousiasme, la foi au bien, à la justice, à l'avenir, et que l'on apprenne une fois de plus que la parole du Sauveur : *Celui qui perd sa vie la retrouve*, est vraie dans toutes ses applications. Quiconque a perdu sa jeunesse par amour pour Lui, quiconque a renoncé aux mauvaises jouissances de la jeunesse mondaine, la retrouve épurée, vivifiée, impérissable !

Nous n'avons parlé jusqu'ici que du jeune homme. Est-ce à dire que les austères paroles de notre texte ne concernent en rien la jeune fille ? Non, pour elle aussi la jeunesse doit être un combat. N'a-t-elle pas la même vocation que le jeune homme, le même Dieu à servir, le même ennemi contre lequel elle doit lutter. Il semble au premier abord que la lutte soit moins sérieuse pour elle. Elle est préservée du contact et de la vue du mal sous son côté le plus triste, elle est en général à l'abri des tentations violentes. Elle grandit sous l'aile maternelle ; il y a comme un rempart entre elle et les atteintes corruptrices du siècle. Eh ! quoi, nous dira-t-on, vous irez parler de combat à cette jeune fille au front si pur, dont l'expression est si douce et si candide, dont le sourire nous illumine. C'est précisément, répondrons-nous, parce qu'elle entend trop souvent de pareilles flatteries que nous croyons de notre devoir de l'avertir du sérieux de la vie. Elle n'est pas directement provoquée à la lutte comme le jeune homme ; aussi peut-elle oublier plus facilement sa vocation et se contenter d'une de ces religiosités vagues, qui n'ont aucune valeur devant Dieu. Que deviendra-t-elle si elle fait de sa jeunesse un long divertissement, si elle demeure plongée dans une rêverie énervante, ou bien si elle est enivrée par ce fade encens que le monde offre à toutes ses victimes. N'avez-vous donc pas vu rôder autour d'elle l'implacable ennemi de l'âme immortelle, qui espère la conduire à la perdition par une route fleurie ? Ne savons-nous pas qu'elle a dans son cœur les mêmes germes funestes qui sont dans le cœur du jeune homme ? Si elle se laisse gagner à la futilité, si elle se jette dans le courant trompeur de la mondanité, si elle se détourne de son Dieu pour idolâtrer le monde, pensez-vous que sa conditon soit préférable à celle du jeune homme emporté par le torrent de ses passions? La vanité et la futilité ont perdu autant d'âmes que les plus âpres convoitises. Il faut donc dire avec instances à la jeune fille : Luttez avec énergie pour échapper à la tentation, à cette paresse morale où tout tend à vous plonger, à cette indifférence pour les choses grandes et saintes, à cet assoupissement de la conscience que le monde produit infailliblement, à ce charme décevant d'une vie qui n'est encore entrevue qu'au travers de vos rêves, à la flatterie, aux vains plaisirs, et pour tout dire en un mot, à l'esprit tentateur qui veut vous enchaîner à sa cause, parce qu'il sait bien que, selon le parti que vous prendrez, vous servirez efficacement soit le bien soit le mal. Souvenez-vous qu'une piété vivante et personnelle vous est aussi nécessaire qu'au jeune homme, et que vous ne la trouverez que quand vous aurez Jésus-Christ dans votre cœur, que quand *la Parole de Dieu sera demeurante en vous.*

Nous avons suivi le jeune homme et la jeune fille hors de la famille ; nous avons essayé de décrire les piéges qui les attendent, leurs luttes. Revenons maintenant au foyer domestique. Essayons de les y ramener eux-mêmes et de leur montrer quelle bienfaisante influence la vie de famille est destinée à exercer sur eux. N'est-ce pas en vivant dans ce cercle intime que la jeune fille échappera le mieux aux périls de la mondanité? En s'attachant à ses premiers devoirs, en pratiquant cet humble dévouement qui est sa mission naturelle, elle mûrira son cœur, elle se préparera non pas à jouer un rôle sur le théâtre du monde prêt à l'applaudir, mais à remplir la grande vocation de mère et d'épouse, ou celle non moins grande d'amie des pauvres et des affligés. Quels applaudissements, quelles flatteries vaudraient pour elle l'approbation d'un père et d'une mère, et ce rayon de joie qu'elle aura fait luire dans la maison dont elle est l'ornement. C'est en cultivant ce sillon du devoir tracé pour elle par Dieu lui-même qu'elle récoltera les fleurs les plus fraîches, les plus parfumées. Son âme, au lieu d'être fanée et usée par le monde et ses mensonges, conservera cette saine poésie qui embellit notre existence toutes les fois que celle-ci est dans sa vraie condition. C'est aussi dans cette pure atmosphère de la famille que le jeune homme trouvera le meilleur calmant pour son cœur agité. Il n'y saurait porter ses mauvaises passions, il faut les laisser sur le seuil de la maison paternelle. Rien ne sera plus salutaire au jeune homme pour être retenu dans le bien ou pour être relevé du mal que d'entretenir avec son père et sa mère les relations de la plus absolue confiance. Il est perdu s'il laisse le mensonge se glisser entre eux et lui. Il est perdu s'il cherche à couvrir ses fautes par la dissimulation et le silence. Un franc aveu est un commencement de réhabilitation. Il prouve que, si l'on a fait le mal, on l'a fait, suivant l'expression de saint Paul, comme ne voulant pas le faire. En le dissimulant on l'aggrave, on le perpétue. Aussi ne saurions-nous trop insister sur ce devoir de la confiance et de la confession prompte et sans détours.

Enfin, mes frères, qu'est-ce qui retiendrait le jeune homme si la pensée de la douleur de ses parents ne l'arrêtait ? Nous disions aux pères quand nous leur rappelions leurs devoirs : Que la pensée de votre fils absent se mette entre vous et une faute ! Ne pouvons-nous pas dire au fils avec un droit égal : Qu'entre vous et une chute se dresse le souvenir du toit paternel ! La pensée de votre père et de votre mère, de leur désolation, de leur mort peut-être, aura plus d'action sur vous que tous les raisonnements, Dieu vous a ménagé ce dernier appui au bord de l'abîme. S'il manque dans votre main, jusqu'où ne roulerez-vous pas ? Appuyez-vous sans crainte sur ces saintes affections, ce sera encore vous appuyer sur Dieu. Ne négligez pas ce précieux moyen de résister au mal. Plus vous vous réfugierez au sein de la famille, mieux vous serez préparés à triompher des tentations du dehors. Ainsi s'enchaînent et se fortifient mutuellement les devoirs.

Il est un mot de mon texte sur lequel j'appelle votre attention en finissant : « Jeunes gens, je vous écris, dit l'Apôtre, *parce que vous êtes forts.* » La jeunesse chrétienne telle que nous l'avons décrite n'est pas seulement belle et sainte, elle est encore forte sous le voile d'humilité qui doit toujours la recouvrir. Elle manifeste d'une manière admirable la puissance de Dieu. C'est pour le monde quelque chose d'extraordinaire qu'un jeune homme chrétien. Il ne peut plus considérer la religion comme l'oreiller sur lequel on va faire son dernier sommeil. Elle ne lui apparaît plus symbolisée par l'huile de l'extrême-onction qui aide l'homme à passer tranquillement de ce monde dans l'autre. Non, elle ressemble plutôt à cette huile fortifiante qui assouplissait les membres du lutteur antique. Le christianisme ne peut plus être accusé d'être la béquille des vieillards. On est forcé de reconnaître sa puissance pour dominer la vie entière, pour la féconder, pour lui imprimer un magnifique élan. J'ajouterai que rien n'est plus beau, plus touchant que le triomphe de la grâce dans un jeune cœur. N'était-ce pas ce sentiment qui inspirait le père d'Origène, quand il se relevait la nuit plein d'un tendre respect pour son enfant, chez lequel éclataient déjà les plus beaux dons de Dieu, et qu'il baisait sa poitrine en s'écriant : « C'est ici le temple du Saint-Esprit ! » Quand une mort prématurée enlève le jeune chrétien, son souvenir a pour nous quelque chose d'angélique. Le jeune homme vraiment selon le cœur de Dieu (pardonnez ce souvenir personnel), nous l'avons connu, nous l'avons vu dans les liens de la plus douce intimité épanouir ses nobles facultés au soleil de l'Evangile, répandre intact encore son vase de parfums aux pieds de Jésus-Christ, lui donner toute son âme candide et pure, le premier pour aborder le sommet des plus hautes études chrétiennes, le premier aussi pour chercher le Sauveur dans la demeure du pauvre. Nous l'avons vu plein de la grâce et du feu de la jeunesse, mais en même temps de cette sainte tristesse de l'exil qui le faisait soupirer dès l'aurore après le ciel. Et quand Dieu l'a pris dans sa force, dans sa beauté, il a laissé dans tous les cœurs qui l'ont aimé une trace bénie, et il leur a semblé que, sous ces traits si doux, l'idéal chrétien leur était un moment apparu moins altéré qu'il ne l'était ailleurs. Son souvenir est désormais pour eux un de ces cordeaux d'amour par lesquels, selon l'expression de l'Ecriture, Dieu attire nos âmes en haut et les détache des choses vaines et périssables[1]. Ceux qui ont connu de jeunes chrétiens et qui ont assisté à leur départ pour la patrie ne nous démentiront pas, quand nous dirons que jamais la force de Dieu ne se manifeste d'une manière plus belle et plus saisissante.

Mais la force chrétienne doit se déployer dans la vie présente avant d'éclater dans la mort. Soyez donc forts, ô mes jeunes frères ! soyez-le pour garder, dans cette société amollie, la chaleur et le nerf de vos convictions. Soyez forts pour l'Eglise, qui attend beaucoup de vous et qui a besoin de retrouver son ancienne vigueur. Soyez forts, avant tout, pour vaincre dans les obscurs combats de la vie intérieure, et puissiez-vous acquérir le droit de prendre pour vous les belles paroles de saint Jean aux jeunes chrétiens de son temps. Rien ne vous fera mieux réaliser l'idéal de la jeunesse chrétienne, qui n'est pas différent de celui de la vie chrétienne, car il nous faut tous vaincre dans un combat acharné, et celui qui vaincra sera couronné de la couronne de vie.

[1] Les nombreux amis de Jules Hollard, enlevé à sa famille et à l'Eglise à l'âge de vingt ans, l'auront sans doute reconnu dans les lignes qui précèdent.

CINQUIÈME SERMON

LES DEVOIRS DES MAITRES ET DES SERVITEURS

Serviteurs, vous servez Christ, le Seigneur. Maîtres, sachez que vous avez aussi un Maître dans le ciel.
(Coloss. III, 24; IV, 1.)

Mes frères,

Nous avons reconnu dans la famille une hiérarchie fondée par Dieu lui-même. Elle a son chef chargé de la diriger avec fermeté et affection ; il est investi d'une autorité dont on ne saurait, sans folie, contester la légitimité. On n'a jamais plaidé la cause de l'émancipation complète de la femme sans tomber dans le ridicule ; et toutes les fois que l'on a voulu, comme récemment encore, soustraire l'enfant à l'autorité paternelle, la conscience publique a châtié par son indignation même cette atteinte portée au plus saint des droits. Mais à côté de cette hiérarchie naturelle, universellement acceptée partout où l'on n'a pas abjuré le bon sens en même temps que le christianisme, il en est une autre qui n'a pas ce caractère simple et primitif, et ne s'impose pas à l'esprit avec cette nécessité divine : c'est la hiérarchie sociale, qui résulte de l'inégalité entre les hommes. Il n'est pas de problème qui ait soulevé de plus ardentes discussions, fait éclater de plus violents orages et ravivé plus de haine dans les cœurs. De nos jours, il a mis la société à deux doigts de sa perte, en la partageant en deux camps irréconciliables. Il a surtout contribué à éloigner les âmes de Dieu, en y entretenant la colère et la haine. A notre sens, il a fait autant de ravages en haut qu'en bas; il a fait autant de mal aux riches qu'aux pauvres, aux classes supérieures de la société qu'aux classes malheureuses. Trop souvent un égoïsme intraitable a répondu à l'esprit de désordre et d'envie. Cette question, envisagée en dehors du christianisme, remue toujours les plus tristes passions. L'homme n'est pas capable de la creuser sans Dieu. Quand elle est lancée dans le monde par l'incrédulité et le matérialisme, elle le traverse comme un brandon de haine. L'Evangile seul lui enlève cette fatale influence. A sa pure clarté, nous pouvons l'envisager sans que notre âme se remplisse d'amertume. Il nous apprend qu'aussi longtemps que la liberté humaine sera prise au sérieux, l'inégalité dans la condition extérieure des hommes reparaîtra d'époque en époque. L'égalité universelle et permanente est une chimère; c'est le rêve du matérialisme, et elle ne serait établie que du jour où les forces libres de l'âme auraient été définitivement enchaînées. Toutefois, l'inégalité demeure, à bien des égards, une énigme désolante pour le cœur; et nous ne comprendrions pas qu'on se consolât par le raisonnement de tout ce qu'elle entraîne de souffrances au sein de l'humanité. Le christianisme, qui l'admet parce qu'il est une religion de liberté, ne se contente pas de la justifier; il tend à la faire disparaître autant que cela est possible, ou du moins à en atténuer les tristes conséquences. En face de l'inégalité, il a mis la charité, comme puissance réparatrice. Cette inégalité même, il la réduit à ses justes mesures, en fondant l'égalité dans le domaine spirituel, qui seul a de l'importance pour le chrétien. Et ainsi il conjure le danger et arrache les épines de cette grande question, qui se pose tous les jours de nouveau devant nous.

Il est une sphère où elle peut être résolue de la manière la plus heureuse : c'est la sphère de la famille. La hiérarchie sociale s'y retrouve d'autant plus sensible que le contact est plus fréquent et plus immédiat. Quel malheur, si ce contact devient un choc de cœurs froissés et irrités! Mais aussi, quoi de plus beau et de plus salutaire que le spectacle d'une famille chrétienne où les maîtres et les serviteurs, sans sortir de leur position, réalisent, dans leurs rapports réciproques, le grand précepte de la nouvelle alliance, le commandement de l'amour! La famille est la société en petit. Les deux classes si souvent divisées dans le monde y sont en présence. Si elles y apparaissent réconciliées, unies en Dieu, concourant au même but dans une situation différente, nous aurons résolu dans nos demeures le douloureux problème de l'inégalité, et nous aurons mis le monde sur la voie de sa solution générale et pratique. Nous aurons, avant tout, rempli l'un des devoirs les plus importants, les plus difficiles de la vie de famille, l'un de ceux que l'on néglige le plus souvent, et pour l'accomplissement duquel l'Evangile nous a donné les plus précieuses directions. Notre texte, en deux paroles, nous trace admirablement notre ligne de conduite; il rappelle aux serviteurs comme aux maîtres le principe qui doit rendre l'obéissance des premiers pleine de dignité, et l'autorité des seconds pleine de justice et de bienveillance. Il les place les uns et les autres devant Dieu. Le serviteur doit reporter son obéissance jusqu'à lui, et le maître se souvenir qu'il n'est lui-même qu'un serviteur de Dieu. Nous ferons découler de cette double parole apostolique tous les devoirs que nous avons à accomplir dans cette relation, qui donne lieu à de grands péchés quand elle n'a pas été sanctifiée par l'Esprit de Dieu. Nous n'avons pas à discuter la relation elle-même. Nous demandons à Dieu de nous garder de toute parole imprudente. Nous n'oublierons pas que l'essentiel pour l'homme, ce n'est pas la position, mais la disposition. Ce n'est ni l'élévation ni la bassesse qui importent, c'est la piété qui ennoblit tout, en humiliant tout homme, devant Celui qui seul est Maître et Seigneur.

Quand l'Apôtre écrivait aux Colossiens les belles paroles de notre texte, le monde était encore plongé dans les ténèbres du paganisme, et l'une des premières conséquences de l'idolâtrie avait été la séparation de l'humanité en deux classes complétement distinctes. A vrai dire, l'idée d'humanité avait été aussi bien effacée que l'idée de Dieu. L'humanité, en effet, ne se sent une qu'en Dieu. Le sentiment de la fraternité est inséparable du sentiment filial. Des frères qui ont oublié leur père ne sont plus frères; ils deviennent étrangers les uns aux autres. Aussi longtemps que le Dieu véritable, le Dieu unique et souverain était le Dieu inconnu de l'ancien monde, aussi longtemps que chaque nation avait ses dieux particuliers, les diverses fractions de l'humanité étaient séparées profondément les unes des autres. Elles formaient comme autant de races ennemies, se jetant les unes aux autres le nom outrageant de barbares. Nul n'avait encore compris qu'une parenté divine rattache tous les hommes au même berceau et les voue à la même destination. Aussi, quand la guerre entremêlait les peuples dans un choc sanglant, le vainqueur considérait les vaincus comme sa proie. Il n'honorait pas en eux la nature humaine ; il pensait avoir tous les droits sur eux, et, sans scrupule, il les vouait, eux et leur descendance, à une dégradante servitude. L'esclavage a toujours pris naissance à la suite d'une guerre et d'une conquête ; les esclaves étaient originairement des captifs et des vaincus, c'est-à-dire des étrangers qui n'avaient aucun lien avec leurs oppresseurs, comme appartenant à d'autres nations et adorant d'autres dieux. Aussi, en définitive, l'esclavage reposait toujours sur l'oubli du Dieu véritable et unique. Saint Paul, en mettant en présence de ce Dieu saint l'esclave et le maître, préparait le renversement de l'ancien ordre de choses. Nous vous montrerons d'abord comment cette révolution a été opérée par la révélation du vrai Dieu en Jésus-Christ. Si l'esclavage antique a été renversé par la seule influence de l'Evangile, combien cette influence peut-elle aujourd'hui produire d'amélioration dans les rapports délicats des maîtres et des serviteurs ! Nous reconnaîtrons dans toute la suite de ce discours que chaque amélioration, chaque réforme a été amenée par un retour à la connaissance et à l'amour de Dieu ; tandis que toutes les fois que Dieu a été oublié, l'esclavage antique, ou un ordre de choses analogue, a tendu à reparaître. C'est sous le regard du Dieu de l'Evangile que le maître et le serviteur se sont autrefois rencontrés. Dès qu'ils se sont éloignés de lui, l'ancienne oppression est rentrée dans le monde avec tous les maux qu'elle entraîne après elle.

Rien, mes frères, ne saurait vous donner une idée complète de cette oppression, aussi fatale aux oppresseurs qu'aux opprimés. Le maître, dans le monde païen, a tous les droits sur ses serviteurs sans avoir un seul devoir à remplir à leur égard. Il dispose d'eux absolument. Personne ne lui demandera compte de leurs souffrances ou de leur mort. Il peut, pour les raisons les plus futiles, les faire mettre à la torture ou même les envoyer au supplice. S'il lui plaît de dégrader, d'avilir ses esclaves pour son plaisir il est parfaitement libre. Tout est permis contre eux [1], a dit un auteur de l'antiquité, qui ajoute : Nous ne les traitons pas en hommes, mais nous abusons d'eux comme s'ils étaient des bêtes de somme [2]. Y avait-il dans le monde entier une condition plus misérable que celle de l'esclave antique? Voyez-le tournant la meule, ou bien accablé par les travaux des champs, succombant à la peine, à moitié mort de fatigue et de faim, sans famille, sans ami, plus maltraité que le bœuf de labour qu'il conduit. Voyez-le plus misérable encore, servant à la table de son maître. S'il commet la moindre négligence, il court, d'après Sénèque, le risque d'avoir les jambes rompues [3]. S'il brise un verre de cristal, il sera peut-être jeté en pâture aux murènes. S'il tombe malade, il court la chance, d'après le même auteur, d'être abandonné sur la voie publique pour qu'on n'ait pas l'ennui de le guérir. Si son maître meurt sans que la cause de sa mort soit connue, non-seulement il sera mis à la torture, mais encore il sera massacré avec tous ses compagnons [4].

[1] Sénèque, *De Clementia*, IX, 4.
[2] Sénèque, ép. XLVII.
[3] Sénèque, *De Ira*, III, 4.
[4] Tacite, *Annales*, XIV, 42.

Le meurtre de milliers d'esclaves ne compense pas la mort d'un homme libre. L'infortuné est aussi dégradé que malheureux. Il n'a pas le droit d'avoir une conscience. On enchaîne son âme comme son corps, et il n'a pour compensation de cette tyrannie abominable que la sombre haine qu'il nourrit et qui faisait dire à un écrivain de l'antiquité : Nous avons autant d'ennemis que d'esclaves[1].

Ne semble-t-il pas, mes frères, qu'émus de pitié pour cet être misérable qu'on appelle un esclave, les disciples de la loi nouvelle vont tout d'abord briser ses fers ou du moins l'appeler sans retard à la liberté; et pourtant vous savez qu'il n'y a pas une ligne dans tout le Nouveau Testament qui soit une invitation à un bouleversement de l'ancienne société fondée sur la violence et l'iniquité. Sans doute l'Eglise chrétienne dont la charité embrassait le monde entier, a éprouvé une tendre pitié pour l'esclave. Mais un autre esclavage, mille fois plus dégradant et plus malheureux, l'a préoccupée tout d'abord. C'est la captivité de l'âme immortelle, asservie à Satan, prostituée au monde, souillée par le péché, descendant toujours plus bas dans la dégradation et chargée de chaînes d'obscurité. Jésus-Christ l'a vue, cette noble fille du ciel, liée aux autels des faux dieux, possédée par les démons, emmenée captive loin de son Dieu, et frémissante encore dans cette ignoble servitude du péché. Pour elle il a quitté sa gloire et la droite de son père. Il l'a rachetée au prix de tout son sang répandu. Il est mort pour l'affranchissement de l'âme humaine, bien assuré que de cet affranchissement tous les autres sortiraient en

[1] Sénèque, Ep. XLVII.

leur temps comme les conséquences naturelles de sa rédemption. Il ne s'est pas trompé, la liberté vraie est née du jour où il est mort sur le calvaire. L'émancipation de l'âme a amené l'émancipation de l'esclave ; et rien n'est plus admirable que la manière dont cette révolution s'est opérée, sans secousse, sans déchirement, irrésistiblement, par la seule action des principes chrétiens. Jésus-Christ mourant pour les hommes leur avait révélé deux grandes choses : leur misère et leur pardon. Il leur avait montré, selon la parole de l'Apôtre, qu'ils étaient tous renfermés dans une condamnation commune et dans une commune réhabilitation. Une double égalité avait été manifestée en sa croix, l'égalité dans la mort et l'égalité dans la vie. En lui l'humanité s'était sentie en quelque sorte mourir et revivre, une dans le châtiment comme dans la réhabilitation. Elle avait été reconstruite dans son unité sur le bois sanglant. Puis surtout Jésus-Christ avait montré à la race déchue le Dieu vivant et vrai, le Père, et c'est dans ses bras ouverts pour lui pardonner qu'elle devait, en s'y jetant, comprendre son unité.

Toutes les différences accidentelles, toutes les divisions qui avaient partagé l'humanité en nations, en classes diverses et ennemies, disparaissaient devant cette unité reconstruite par Jésus-Christ, le Fils de l'homme, le second Adam, le représentant du genre humain tout entier. La primitive Eglise fut élevée au-dessus de tous les déchirements de l'ancien monde, et c'est en regardant la croix du Christ qu'elle prononça par la bouche de Paul cette grande parole : En lui il n'y a plus ni Juif ni Grec, ni *esclave* ni *libre*. Qui oserait contester que cette magnifique parole ne renfermât implicitement l'abolition de l'esclavage? Du jour où elle fut prononcée, celui-ci était moralement aboli, et quand un principe est conquis dans le monde moral, il obtiendra tôt ou tard sa réalisation ; car, ne l'oublions jamais, c'est le monde moral qui régit le monde extérieur.

L'Eglise primitive ne se contenta pas de poser ce principe. Elle l'appliqua dans une certaine mesure. D'abord, tout en reconnaissant qu'il est une liberté de l'âme inaliénable pour celui que le Fils a affranchi, elle marqua nettement sa préférence pour la condition libre : « L'esclave qui est appelé par le Seigneur, dit saint Paul, est l'affranchi du Seigneur. Cependant, si tu peux être mis en liberté, profites-en. » (1 Corinth. VII, 21.) —L'Apôtre nous montre clairement par ces mots que, s'il ne pense pas que l'on doive brusquement briser le joug de la servitude matérielle, il est cependant désirable que l'affranchissement extérieur corresponde à l'affranchissement spirituel. L'Eglise primitive n'a pas cessé de travailler à atteindre ce but par la manière dont elle réglait les rapports des chrétiens entre eux. Vous savez jusqu'où elle poussa l'égalité dans la chambre haute de Jérusalem, à cette époque unique où, sous la première effusion de l'Esprit, l'idéal de la société humaine se réalisa un moment devant nos yeux, comme si le ciel était descendu sur la terre. Ils n'étaient, nous rapporte saint Luc, qu'un cœur et qu'une âme. Même après ces premiers temps, l'Eglise ne cesse pas de présenter le spectacle d'une famille de Dieu rassemblée autour de la croix et effaçant devant elle toutes les distinctions de ce monde. Chaque jour, elle réunissait autour des tables de l'agape et de la communion les pauvres et les riches, les maîtres et les serviteurs. Quand l'ancien esprit d'orgueil chercha à se glisser dans les saintes assemblées et qu'on voulut faire au riche une place d'honneur dans le culte, l'apôtre Jacques trouva dans son indignation et dans sa charité de terribles paroles pour châtier ce désordre. C'était en effet, à ses yeux, un affreux désordre que l'humiliation du pauvre au moment où tout rappelait la dignité dont Jésus-Christ avait revêtu la pauvreté, en la choisissant pour sa condition terrestre. L'outrage fait au pauvre rejaillissait, aux yeux de Jacques, sur le divin Maître. L'apôtre Paul ne cesse, dans toutes ses lettres, de rappeler avec une touchante insistance combien ce qui unit les chrétiens est plus important que ce qui les sépare : « Vous buvez à la même coupe, leur dit-il, vous rompez le même pain, et ce vin et ce pain vous rappellent l'immense amour qui vous a sauvés et qui vous supporte encore. » Le grand Apôtre a constamment plaidé la cause des serviteurs auprès des maîtres, et s'est constitué l'avocat des premiers, leur ami d'autant plus précieux qu'il ne leur épargne jamais l'avertissement salutaire.

Il est surtout une épître de Paul qui nous révèle sa tendre sollicitude pour l'esclave, et qui nous apprend aussi tout ce qu'il a fait pour l'affranchir : c'est cette courte lettre à Philémon, que l'on ne peut lire sans un profond attendrissement, et qui, dans le sujet qui nous occupe, a une capitale importance. Aucun autre livre du Nouveau Testament ne nous initie mieux à la méthode suivie par le christianisme pour opérer ces grandes révolutions morales dans le monde. Paul, captif à Rome, a rencontré dans la prison un misérable esclave fugitif, le rebut de ce lieu d'opprobre. Pour l'Apôtre, c'est une âme immortelle rachetée par le sang de Christ. Il lui annonce l'Evangile avec autant de sérieux et de puissance qu'au proconsul Festus et au roi Agrippa, parce qu'il sait que, proconsul ou prisonnier, roi ou esclave, l'homme est toujours le même, condamné et perdu sans la foi, mais élevé par elle à une hauteur qui domine toute supériorité et toute gloire temporelle autant que le ciel domine la terre. Il s'est donc consacré tout entier au pauvre esclave Onésime; il lui a parlé avec autorité, avec amour; il l'a consolé; il lui a annoncé le Dieu des affligés et des opprimés. Et cet homme, qui n'avait rencontré jusqu'alors que la dureté et le mépris, cet homme, dont le cœur avait été brûlé par la haine, cet homme a versé des larmes de joie. Il s'est laissé conduire par cette main sympathique à Jésus-Christ. Paul l'a engendré, comme il le dit, à la vie éternelle. C'est maintenant son enfant dans la foi; l'amour chrétien a comblé la distance entre eux : Onésime et Paul se sont rencontrés sous la croix! Qu'on ne parle plus de la bassesse du premier! c'est un affranchi de Jésus-Christ, un prêtre et un roi, et il y a eu de la joie dans le ciel pour le salut de son âme.

Paul renvoie l'esclave à son maître. Il serait en droit de commander à Philémon la bienveillance pour Onésime; car, prisonnier pour sa foi, avancé en âge, l'Apôtre possède de toutes les autorités la plus sainte; mais il ne veut pas commander, et dédaigne l'autorité; il aime mieux persuader : « Bien que j'aie le pouvoir en Jésus-Christ de te commander, dit-il, cependant j'aime mieux te prier par charité. Je n'ai rien voulu faire sans ton consentement, afin que le bien que tu feras ne soit pas forcé mais volontaire. » (Phil. 8, 9, 14.) Admirables paroles, toutes pleines d'un respect religieux pour la conscience, et qui nous révèlent le secret de la puissance de l'Evangile. Il n'impose pas du dehors les réformes, il fait mieux, il les inspire, il nous les fait librement accomplir. Supposons que saint Paul eût envoyé un ordre péremptoire à Philémon : celui-ci s'y fût soumis, mais il l'eût fait à contre-cœur, et rien n'eût été gagné; car le grand réformateur dans les rapports entre les hommes, c'est l'amour : c'est donc l'amour qu'il faut inspirer. Et voyez comme l'Apôtre y réussit merveilleusement : « Je te prie pour mon fils Onésime, reçois-le comme mes propres entrailles. Peut-être que ce qu'il a été séparé de toi pour quelque temps, c'était afin que tu le recouvrasses pour toujours, non plus comme un esclave, mais comme étant fort au-dessus d'un esclave, savoir comme un frère chéri particulièrement de moi, et combien plus de toi, et selon le monde et selon le Seigneur. » L'entendez-vous? Le saint Apôtre a proclamé l'abolition de l'esclavage, non pas dans l'emportement d'une révolte, mais dans un élan de charité. La liberté d'Onésime n'est pas promulguée par des paroles de haine, mais par des paroles d'amour, et voilà pourquoi elle est définitivement conquise; car, mes frères, avant même de savoir quel accueil Philémon a fait à la lettre de Paul, nous sommes assurés en la lisant qu'elle a eu son plein effet. Onésime rentrant dans la maison de son maître tout couvert de l'amour de saint Paul prisonnier, honoré des entretiens et de l'intimité de l'Apôtre, Onésime, renouvelé par la foi, et associé à son maître pour toutes les choses grandes et saintes, ne peut plus être pour celui-ci un homme d'une autre classe, méprisable et vil. Devant la loi des hommes il demeurera peut-être esclave, il ne l'est plus dans la famille de Philémon : sa chaîne est tombée du jour où il est rentré dans cette maison avec la lettre apostolique. L'esclavage y a été moralement aboli du moment où Paul a demandé à Philémon de recevoir Onésime comme ses propres entrailles. Ce qui s'est passé dans cette maison s'est passé dans toutes celles où l'Evangile a été accueilli. Dans le siècle suivant, Onésime, ou l'esclave, a participé comme son maître à la persécution. Avec lui il s'est caché dans les entrailles de la terre pour rendre à Jésus-Christ le culte qui lui est dû. Il a échangé ses chaînes avilissantes contre les glorieuses chaînes des confesseurs, et il a courageusement subi le martyre. Le maître et le serviteur se sont rencontrés devant la croix, non plus seulement pour adorer Jésus-Christ, mais encore pour y monter ensemble et y être ensemble immolés. Et ainsi l'œuvre d'émancipation s'est poursuivie jusqu'au moment où, dans une société renouvelée, l'émancipation morale s'est traduite dans les faits. La chaîne de l'esclave a été brisée en même temps que l'idole a été renversée.

Si l'on nous objecte que dans la société moderne l'esclavage a plus d'une fois reparu, nous répondrons que c'est toujours le paganisme du cœur et de l'esprit qui l'a ramené, et qu'il n'a jamais pu résister au réveil du christianisme. Si l'on nous oppose le grand pays où, malgré la prospérité d'Eglises innombrables, l'esclavage subsiste encore sur une large échelle, nous rappellerons l'indignation qui a saisi toute une portion de ce pays, et qui n'est que l'explosion des remords de la conscience publique. Cette indignation nous la partageons complétement. Nous ne comprendrons jamais, nous ne voulons pas comprendre que des chrétiens se laissent entraîner plus longtemps dans ce crime national. L'Eglise de Dieu, dans le monde entier, sentira peser sur elle un douloureux remords, jusqu'au jour où ce scandale aura cessé, et elle ne se lassera pas de travailler et de prier pour qu'il ne soit pas dit que l'esclavage, banni de tous les pays du monde, même de ceux qui sont le plus asservis à la superstition et à l'erreur, a trouvé un refuge dans une nation favorisée plus qu'aucune autre de la connaissance de l'Evangile. Non, Dieu ne permettra pas que ce déshonneur soit infligé longtemps à sa cause ; il interviendra lui-même, par pitié pour le maître aussi bien que pour l'esclave, et le monde saura de nouveau qu'il n'est pas d'autre libérateur pour les opprimés que le Dieu souverain, seigneur et maître de toute créature, aussi grand dans son amour que dans sa justice, et qui seul peut ranimer la charité, après avoir châtié l'oppression et l'iniquité.

Mes frères, nous n'avons pas, grâces à Dieu, à déplorer un pareil crime dans la société où nous vivons. Nous sommes placés au bénéfice de la grande réforme opérée lentement, mais souverainement, par le christianisme. Il n'y a plus parmi nous de maîtres dans le sens ancien, ni d'esclaves ; devant la loi des hommes comme devant celle de Dieu, les droits de tous sont égaux. Toutefois, par un concours de circonstances diverses et inévitables, il est encore un grand nombre de nos frères qui sont obligés, pour gagner leur pain, de se mettre dans une certaine dépendance vis-à-vis d'autres hommes. Ils ne sont plus exposés aux mauvais traitements et aux criantes iniquités. Ils sont libres de rompre un lien qu'ils ont librement formé. Et pourtant ils sont, à bien des égards, dans une situation difficile ; et, sans en venir aux outrages, qu'ils ne supporteraient pas, on peut leur infliger beaucoup de souffrances et les soumettre à de nombreuses vexations. D'un autre côté, les serviteurs, sans nourrir les haines de l'esclave antique, peuvent céder à des sentiments coupables, et mettre autant de péché dans la manière dont ils servent, que leurs maîtres peuvent en mettre dans la manière dont ils commandent. L'esprit qui présidait aux rapports des supérieurs et des inférieurs dans le paganisme n'a pas disparu à jamais du milieu de nous. Il ne faut donc pas nous fier à nos institutions, ni nous savoir gré d'un progrès qui ne nous est pas imputable, mais qui est l'œuvre du temps et de la civilisation chrétienne. L'esprit païen ne peut plus refaire comme autrefois une société à son image; mais il peut se glisser de nouveau dans notre société christianisée, et, avec moins de scandale, dénaturer également les rapports entre les hommes. Sans doute, il ne se trouvera plus parmi nous de serviteurs traités par leurs maîtres avec l'odieuse inhumanité des patriciens romains. Mais, si l'opinion publique était aussi tolérante à cet égard qu'il y a dix-huit siècles, est-il bien sûr que les mêmes faits ne se reproduiraient pas dans beaucoup de familles? Ces faits, d'ailleurs, ne se reproduisent-ils pas dans une certaine mesure? Un maître dur, hautain, qui ne se soucie en rien du bien de ses serviteurs, qui les exploite, qui ne tient aucun compte de leurs intérêts, de leur santé, de leur moralité, un maître comme on en voit tant de nos jours, aurait été, dans le monde romain, un de ces affreux despotes domestiques qui se livraient à tous les caprices d'une tyrannie sans frein. C'est l'égoïsme et l'orgueil qui ont fait l'esclavage antique. Partout où ils se retrouvent, ils ramènent l'esprit païen dans les relations des maîtres et des serviteurs. Or, l'égoïsme et l'orgueil, et par conséquent l'esprit païen, sont dans toute maison où Dieu n'est pas honoré, où le maître oublie qu'il a un Maître, et le serviteur un surveillant vigilant dans le ciel. Il est donc de la plus haute importance de nous bien pénétrer de la pensée de l'Apôtre, qui rappelle aux uns comme aux autres ce principe fondamental de la famille chrétienne : le devoir de servir Dieu en toute situation, et de pratiquer dans chaque relation la loi de l'amour et du dévouement.

Je commence par m'adresser aux maîtres. C'est sur eux que pèse la responsabilité la plus grande ; car tout avantage, toute supériorité est un ministère au point de vue de l'Evangile. N'est-il pas dit qu'il sera plus redemandé à celui qui aura reçu davantage. « Maîtres, rappelez-vous, dit saint Paul, que vous avez aussi un Maître dans le Ciel. » Ceci revient à dire : Maîtres, rappelez-vous que vous devez servir Dieu par la manière dont vous vous comportez à l'égard de vos serviteurs. Dans cette relation, comme dans toutes les autres, vous devez servir, c'est-à-dire subordonner vos intérêts à un but grand, élevé, saint ; vous devez travailler à la gloire de Dieu et au bien de vos semblables. Il ne s'agit donc pas pour vous de tirer parti, avant tout, de vos serviteurs : c'est la pensée de l'égoïsme. Votre Maître, qui est dans le Ciel, vous a donné des devoirs sérieux à remplir à leur égard. Vous leur devez d'abord, d'après l'Apôtre, la justice : « Maîtres, rendez à vos serviteurs ce qui est de la justice et de l'équité. » Si l'injustice grossière, flagrante est impossible aujourd'hui, si du moins elle tombe sous l'appréciation de la loi humaine, une large carrière est encore ouverte à l'injustice dans nos rapports mutuels, et en particulier dans les rapports des maîtres et des serviteurs. Avez-vous bien compris tout ce qu'implique la parole de l'Apôtre ? Rendre à vos serviteurs tout ce qui est de l'équité et de la justice, c'est respecter d'autant plus leurs droits qu'ils sont davantage sous votre dépendance, c'est ne jamais exiger d'eux plus que ce qui est légitimement exigible, c'est ne leur imposer ni fatigue excessive ni tâche au-dessus de leurs forces, c'est leur accorder le temps qui leur est nécessaire pour le repos, c'est ne jamais abuser d'eux, c'est leur épargner les reproches immérités, les paroles blessantes, c'est avoir soin de leurs intérêts autant que des vôtres. Il y a de l'iniquité à les exploiter sans merci, à profiter de ce qu'ils ont besoin de vous pour les surcharger sans pitié, à leur demander ce qu'ils ne peuvent pas faire sans compromettre leur santé, à les traiter comme s'ils étaient d'une autre nature que vous, incapables de succomber à la fatigue. Il y a de l'iniquité à ne pas reconnaître généreusement leurs services. Il y a de l'iniquité à leur donner tort sans écouter leurs explications ou leurs excuses, et à céder à une irritation qui ne se contient ni ne se modère. Oh ! combien d'injustices se commettent ainsi dans le secret ! Combien de créatures humaines sont indignement exploitées ! Il faut que l'on sache qu'il y a un témoin de toutes ces injustices, que ce témoin, c'est le Dieu qui nous jugera, et qu'il en demandera compte au dernier jour. C'est lui qui vengera tous ceux qui auront été foulés et opprimés, et il saura bien discerner, sous les formes polies de notre civilisation, l'iniquité du fort envers le faible, du puissant envers le chétif, du riche envers le pauvre. — *Maîtres, rendez à vos serviteurs ce qui est de la justice et de l'équité, sachant que vous avez aussi un Maître dans le ciel.*

Mais, mes frères, celui qui prétend se renfermer exactement dans les limites de la justice n'y parvient pas. On n'est vraiment juste que quand à la justice on joint la charité. Il y a déjà une preuve d'égoïsme à faire le compte strict des droits de son prochain. Un tel calcul est toujours faux, parce qu'on obéit sans s'en douter à une préoccupation d'intérêt personnel. Voulez-vous donc être justes, équitables ? Elevez-vous jusqu'à la charité ! Maîtres, rappelez-vous que vous avez un Maître dans le ciel et rappelez-vous ce qu'il a été pour vous et jusqu'où ont été ses miséricordes. Si vous n'aimez pas vos serviteurs vous ne serez pas équitables pour eux ; vous penserez à ce qu'ils vous doivent et non pas à ce que vous leur devez, et c'est là la pire des injustices. Que leur devez-vous ? Vous leur devez ce que vous devez à toute créature humaine : vous devez aimer leur âme immortelle et travailler à leur salut. L'influence, l'autorité que vous avez sur eux vous investissent d'une mission spéciale auprès d'eux. Si par votre faute leur âme se perdait, vous en seriez responsables. N'allez pas dire : Qui m'a établi gardien de mes frères ? car vous vous êtes établis leur gardien en les plaçant à votre service et sous votre dépendance. Ce serait donc manquer à tous vos devoirs que de les exposer à la tentation, que de laisser par exemple une jeune fille qui vous est confiée dans une situation telle qu'elle fût en contact habituel avec l'immoralité, comme cela est si fréquent dans ces grandes villes et dans ces vastes demeures qui renferment tout un monde et souvent un bien mauvais monde. Si cette jeune fille se perd, le Maître qui est dans le ciel vous redemandera son âme. Et ainsi fera-t-il pour tout le mal que vous auriez pu empêcher et que, par négligence, vous avez toléré. Maîtres chrétiens, vous devez à vos serviteurs de prendre soin directement de leur salut. Vous devez les appeler au culte de famille ; vous devez non-seulement au nom de l'amour, mais au nom de la justice, leur réserver le temps nécessaire pour remplir leurs devoirs religieux, pour entendre l'Evangile et s'unir à l'Eglise dans son culte. Il y aurait un odieux égoïsme à les en priver sous prétexte que leur temps vous est dû. Ce serait oublier votre Maître et le leur, et faire passer votre service avant celui de Dieu. Cette affection pour vos serviteurs se manifestera en toute circonstance, aussi bien dans la répréhension que dans l'encouragement. S'ils sont éprouvés vous les consolerez; s'ils sont malades vous n'aurez pas une impatience hideuse de vous en débarrasser, mais vous prierez à leur chevet. Vous aurez soin aussi de leurs intérêts temporels et dans toute votre direction il y aura quelque chose de paternel et de bienveillant. Enfin la pensée du Maître qui est dans le ciel vous empêchera de déployer vis-à-vis de vos serviteurs cette sotte arrogance qui dénote tant de petitesse et d'orgueil. Vous vous souviendrez que comme vous ils servent Dieu, qu'ils ont part aux mêmes grâces et participeront aux mêmes gloires. Je ne vous dis pas, ni l'Evangile non plus, de faire disparaître toute démarcation, toute trace de l'inégalité extérieure qui vous sépare pour quelques jours encore. Mais, vous mettant en présence du Maître qui est dans le ciel et pour lequel il n'y a pas d'acception de personnes, je vous demande de ne jamais oublier qu'entre les hommes l'inégalité est l'accidentel et l'égalité morale l'essentiel. Ayez les appréciations de Dieu et non celles du monde. Ce que Dieu apprécie en vous ce n'est pas le titre, la position, la richesse, le nom — l'accident; c'est la conscience, le cœur, la piété — l'essentiel. Ce sont les grandes choses qui sont communes entre vous et vos serviteurs; vous n'êtes distingués d'eux que par les petites. Si vous les dédaignez, vous méprisez ce qui en eux et vous est vraiment grand. Ne les traitez donc jamais avec une hauteur méprisante. S'ils ne sont pas chrétiens, respectez en eux la nature humaine qui est de race divine ; et s'ils sont chrétiens, respectez en eux Jésus-Christ qui habite en eux comme en vous. Serait-il possible que deux chrétiens qui invoquent le même Sauveur, deux amis de Jésus-Christ qui participent au repas de son amour, fussent l'un pour l'autre, au sortir du temple, comme des étrangers, quoique vivant dans la même maison, parce que l'un est le maître et l'autre le serviteur ? N'y aura-t-il pas entre eux une relation d'où le respect ne sera jamais banni, mais où cependant l'affection dominera ? Ah ! s'il en était autrement, nous devrions en conclure qu'ils ne se sont pas rencontrés dans le Seigneur, car on ne saurait vivre ainsi séparés une fois que cette bienheureuse rencontre a eu lieu. Que serait donc un christianisme qui produirait de tels fruits ? A coup sûr, ce ne serait pas celui de saint Paul et de l'épître à Philémon.

J'en viens aux devoirs des serviteurs. Qu'ils ne s'imaginent pas que leur humble position crée un mérite en leur faveur ; le péché étend partout son empire. Il règne en bas comme en haut, dans la maison du pauvre comme dans celle du riche, dans le cœur du serviteur comme dans celui du maître, et partout également il entraîne la perdition. Qu'ils ne s'imaginent pas non plus qu'ils ne sont tenus d'accomplir leurs devoirs que si leurs maîtres accomplissent les leurs à leur égard. La loi de Dieu est immuable, et il ne dépend pas de la méchanceté de nos frères de la faire fléchir pour nous. Les devoirs des serviteurs sont aussi importants que ceux des maîtres, et ils se rattachent tous à cette parole : *Vous servez Christ, le Seigneur*. Serviteurs chrétiens, vous avez, vous aussi, à servir Dieu dans votre situation spéciale, c'est-à-dire à subordonner votre intérêt à sa gloire et au bien de vos frères. Si vous servez Dieu, vous serez fidèles et dévoués. Vous ne serez pas semblables à ces serviteurs qui ne cherchent que leur profit, et qui, dans cette préoccupation exclusive, abusent de la confiance de leurs maîtres, et, par mille fraudes consacrées par l'usage, s'efforcent d'accroître leur gain. Vous vous souviendrez que vous agissez sous le regard du Seigneur, et votre fidélité sera sans tache. Vous ne voudrez pas non plus trahir, par un vain et coupable babil, les intérêts de la maison dans laquelle vous avez été introduits. Vous ne remplirez pas ce rôle d'espion officieux dont se chargent trop souvent les serviteurs indiscrets. Vous ne vous livrerez pas à cette vengeance du faible contre le fort, qui frappe par derrière, c'est-à-dire par la médisance ou la calomnie, celui qu'il n'ose attaquer ouvertement. Vous ne serez pas seulement fidèles, vous serez encore dévoués, et vous servirez vos maîtres avec affection, comme le Seigneur vous y invite. Rien ne relèvera davantage votre position. L'amour ennoblit tout : il n'est rien de mesquin, de méprisable pour lui ; les occupations les plus humbles reçoivent de lui une beauté divine. Est-ce que la mère qui soigne son enfant malade, est-ce que la femme dévouée qui panse les blessures et les plaies des moribonds n'apparaissent pas grandes en rendant ces soins pénibles à des êtres faibles et souffrants ? Tout ce qui est fait par affection est touchant et noble ; l'esprit mercenaire seul est dégradant. Si vous servez vos maîtres avec affection, si vous prenez à cœur leurs intérêts, vous aurez trouvé le secret d'ennoblir votre vocation. Si vous aimez vos maîtres, vous les supporterez, quand ils seront injustes, avec douceur et patience. Vous vous souviendrez que le Seigneur vous a placés près d'eux pour servir non-seulement leurs intérêts temporels, mais aussi leurs intérêts éternels; et la meilleure manière de le faire, ce n'est pas de démontrer le christianisme par des paroles, c'est de le montrer dans votre conduite et de rendre, dans votre personne, l'Evangile honorable. L'influence d'une piété douce et modeste, manifestée par une vie chrétienne et un dévouement à toute épreuve, est une éloquente prédication dans une maison, et ce sera un grand privilége pour vous de l'avoir fait entendre dans la famille où vous avez rempli une humble place, et où Dieu vous a peut-être destiné la plus glorieuse des missions. Si vous avez le bonheur de servir des maîtres chrétiens, rappelez-vous cette parole si sage de saint Paul dans l'épître à Timothée : *Que ceux qui ont des fidèles pour maîtres ne les méprisent point sous prétexte qu'ils sont leurs frères, mais qu'ils les servent d'autant mieux par cela même qu'ils sont fidèles* [1]. Ne donnez pas à penser, en vous livrant à une indiscrète familiarité et à toutes les étroitesses de l'esprit de jugement, qu'un serviteur mondain et inconverti est préférable à un serviteur qui se dit chrétien; ce serait infliger un déshonneur véritable à l'Evangile. Nous comprenons les difficultés de votre situation, elle a ses épreuves spéciales, et le contraste entre la liberté intérieure et la dépendance extérieure est souvent pénible. Mais si vous vous souvenez toujours que vous servez Christ le Seigneur, vous

[1] 1 Tim. VI, 2.

trouverez dans cette pensée le courage et le sentiment de votre vraie dignité ; votre obéissance, en définitive, ne fera que passer par l'homme pour remonter jusqu'à Dieu. C'est Dieu qui vous a placés dans cette condition, c'est lui qui vous a donné cette croix ; vous accomplissez sa volonté et non celle de créatures comme vous. Vous remplissez ainsi votre devoir, votre vocation. A ce point de vue, nul n'est au-dessus de vous, car personne n'est au-dessus de celui qui obéit à Dieu. La vraie grandeur, c'est de lui obéir, et celui-là est le plus grand, maître ou serviteur, qui lui a le plus complétement soumis son cœur. Ne vous plaignez donc pas de votre position inférieure ; acceptée par la foi, elle grandit à la hauteur de la vocation chrétienne elle-même. Vous servez Christ le Seigneur, comment un de ses disciples trouverait-il un tel service déshonorant ? Si cependant, sous l'empire de sentiments coupables, vous cédez au mécontentement ; si vous trouvez indigne de vous d'être serviteurs, considérez ce Maître glorieux lui-même, devenu l'humble serviteur de l'humanité, et la servant dans l'opprobre et la douleur. A la vue de cet abaissement, vous n'hésiterez plus à servir, et vous penserez, et nous penserons avec vous, que la dernière place est encore trop bonne pour d'aussi grands pécheurs que nous.

Arrivés à la fin de ce discours, nous pouvons, mes frères, le résumer par cette parole : « Le riche et le pauvre, le maître et le serviteur se rencontrent. Celui qui les a faits, c'est l'Eternel ! » Il les a faits pour s'aimer, pour se soutenir et pour se servir. C'est à la croix de son Fils qu'il leur a ménagé cette rencontre bénie. Là le maître apprend qu'il a un Maître dans le ciel qui lui commande la justice et l'amour ; le serviteur y apprend en même temps qu'il doit servir Christ le Seigneur. C'est devant la croix que les fers de l'esclave sont tombés, et qu'à l'esclavage a été substituée une relation douce, précieuse, qui élargit la famille en quelque sorte. Maîtres et serviteurs, rencontrez-vous toujours sous cette croix. Plus bas, votre rencontre serait le choc d'intérêts irréconciliables. A cette hauteur seulement vous vous aimez, et vous apprenez à servir, chacun dans votre situation, Celui qui, pour vous sauver, s'est fait le serviteur d'infimes créatures comme nous.

Ah! puissions-nous, sous cette croix sainte, recevoir, avec le sang qui purifie, l'esprit d'humilité et d'amour qui seul, dans cette relation comme dans toutes les autres, nous rend capables de servir Dieu au sein de nos familles!

SIXIÈME SERMON

LA FAMILLE DANS LA PROSPÉRITÉ

La prospérité des insensés les perd.
(Prov. I, 32.)

Mes frères,

Nous avons considéré la famille dans ses diverses relations, et nous avons cherché comment nous pouvons servir Dieu dans les rapports d'époux et d'épouse, de parents et d'enfants, de maîtres et de serviteurs. Il nous faut aborder aujourd'hui une face nouvelle de notre sujet. La famille, constituée sur des principes chrétiens, passe par toutes les vicissitudes de la vie humaine. Elle en connaît tour à tour les joies et les souffrances. Dans sa longue navigation, ce navire, qui porte des êtres si chers, si précieux, tantôt vogue sur des mers calmes, sous un ciel éclatant, tantôt lutte contre des vents contraires, sous ces lourdes et obscures nuées d'où jaillit l'éclair, au travers des vagues terribles de l'affliction. Il nous faut le suivre dans sa traversée. Nous savons d'avance qu'il n'y a pour lui qu'un moyen d'échapper aux périls de la prospérité comme à ceux de l'épreuve : c'est de porter Jésus-Christ, comme la barque où voguèrent les disciples sur le lac de Génézareth. Avec ce divin Pilote, que le ciel soit bleu ou sombre, que les jours soient faciles ou difficiles, il n'y a rien à craindre; le navire arrivera certainement au port. Le souffle joyeux de la prospérité qui enfle sa voile, ou le souffle impétueux de l'adversité qui la déchire l'y pousseront comme à l'envi.

Nous vous entretiendrons d'abord de la famille chrétienne dans les jours heureux. Nous ne parlerons aujourd'hui que du bonheur extérieur, résultant des circonstances. Le chrétien connaît un bonheur plus élevé, d'une nature plus intime et plus durable. Il est une joie immortelle qui s'enracine dans les profondeurs de l'âme le jour où elle reçoit le pardon de Dieu. Cette joie ne tient pas aux événements, elle en est indépendante; aussi subsiste-t-elle dans la souffrance, et son doux rayon brille même au travers de nos larmes. Elle est à la fois un privilége et un devoir, et si elle nous fait recueillir les fruits bénis de la rédemption, elle doit aussi révéler au monde la puissance consolatrice de l'Evangile. Le deuil lui-même ne saurait nous la ravir, car elle peut fleurir sur une tombe. Toutefois, les événements ont encore une grande action sur notre cœur. Il y aurait de l'exagération à prétendre que les joies du pardon nous mettent à l'abri de toute souffrance morale. Le chrétien n'a aucune analogie avec le sage du stoïcisme, qui fait de l'insensibilité le comble de la perfection, et place la sainteté sur les froids sommets d'une orgueilleuse indifférence. Le chrétien porte un cœur d'homme dans sa poitrine; il peut être atteint dans mille fibres sensibles. Il est susceptible de joies vives comme de profondes douleurs ; ses joies sont sanctifiées, ses douleurs sont consolées, mais il n'en connaît pas moins les alternatives de bonheur et d'afflictions par lesquelles doit passer toute créature humaine. Comment ces alternatives lui seraient-elles épargnées ? Elles constituent l'épreuve de la vie. Elles ont pour but de donner à notre volonté l'occasion de se prononcer pour Dieu et de se fortifier dans sa décision.

L'épreuve la plus difficile à traverser est celle de la prospérité ; notre texte nous le rappelle en termes bien énergiques. Ce n'est pas que par elle-même elle soit mauvaise ; non, dans l'intention de Celui qui nous l'envoie, elle est destinée à nous rapprocher de lui ; c'est le sourire de son amour paternel. Le bonheur, même incomplet, comme on le connaît sur la terre, nous parle de la bonté de Dieu. Il est une preuve de sa miséricorde. Après notre rébellion, nous ne méritions que d'être abandonnés à une malédiction absolue ; s'il y a encore quelque félicité ici-bas, elle provient directement de la grâce, qui, d'une terre maudite, a fait un monde racheté. La moindre fleur qui parfume notre vie a été arrosée du sang de la croix. Sans Jésus-Christ, ce monde serait un enfer. Tandis que l'affliction nous rappelle notre condamnation, le bonheur nous rappelle que la sentence n'est pas irrévocable, et qu'il est de suprêmes ressources pour nous dans le cœur de Dieu. L'affliction représente dans la destinée humaine la loi qui frappe et épouvante pour vaincre nos rébellions, et le bonheur représente la prophétie qui parle de pardon. Heureux l'homme s'il entendait cette double voix, s'il se laissait persuader de sa déchéance par la douleur, et de la réconciliation par la prospérité ! Heureux l'homme si, brisé par l'une, relevé par l'autre, conduit à la croix par une sainte tristesse et une douce espérance, il appelait à lui le divin Libérateur! Mais, hélas! ce que Dieu pense en bien, nous le tournons constamment en mal! C'est là la grande folie humaine. L'insensé ne sait pas discerner, dans la prospérité, la voix paternelle et tendre qui l'appelle; elle a pour lui un chant perfide qui l'endort, et ainsi se trouve justifiée la déclaration de notre texte : *la prospérité des insensés les perd.*

Quand le bonheur n'est pas chrétiennement reçu, il a pour l'âme les plus dangereuses fascinations. Il lui dérobe la réalité de sa condition; semblable à ces neiges éclatantes des Alpes, qui recouvrent à peine l'abîme, il jette un voile à la fois brillant et léger sur notre perdition, et il la rend irrémédiable en nous la cachant et en nous empêchant d'implorer le secours de Dieu, toujours prêt à nous pardonner. Pour celui qui s'abandonne sans réflexion à la prospérité extérieure, la terre est momentanément transformée : elle n'est plus le lieu d'exil, la vallée de douleurs. Un soleil de quelques heures semble avoir noyé dans ses splendeurs le côté vrai et tragique de la destinée humaine. Le cœur se laisse gagner par une satisfaction stupide. Il se ferme à tout ce qui est grand et saint, car la grandeur et la sainteté dans ce monde de la déchéance, sont inséparables d'une profonde tristesse et du sentiment douloureux de nos dégradations et des infortunes du péché. Cette satisfaction est le signe le plus sûr de l'assoupissement de la conscience. Aussi longtemps que celle-ci est éveillée, elle nous transperce de son aiguillon; elle nous rappelle, par une souffrance intime et incessante, que nous sommes coupables devant Dieu, et que le fond de notre vie morale est souillé. La soif de l'infini suffit pour la tourmenter. Mais la félicité extérieure traversée sans Dieu a des philtres pour l'endormir : le cœur est engraissé, selon l'énergique expression du prophète, qui ne pouvait mieux peindre l'insensibilité de notre être moral matérialisé par degrés. Malheur à l'homme qui est arrivé à ce contentement de lui-même et de la vie, et qui a dit à son âme : Rassasie-toi ! Il confirme cette parole des Proverbes : « L'aise des sots les tue. » — Est-il une pire folie que de se croire heureux ici-bas ailleurs que sous la croix, et de se déclarer satisfait par la félicité vulgaire que ce monde peut donner? Aussi longtemps que l'on n'a pas trouvé un Dieu apaisé, le contentement est insensé, et il n'y a de raisonnable, en dehors du christianisme, que le désespoir. Cette aise d'une âme immortelle la tue en étouffant ses divines aspirations. N'est-elle pas déjà, à vrai dire, l'indice de la mort morale? Une âme qui vit est une âme qui souffre et qui gémit jusqu'à ce qu'elle ait trouvé en Dieu l'apaisement de ses désirs immenses. Vivre et souffrir, c'est une seule et même chose pour elle tant qu'elle n'a pas la foi réparatrice. Avec sa dernière souffrance, elle a perdu la dernière étincelle de sa vie morale, car, pour être consolée par les joies de la terre, il lui faut oublier le ciel. Entre cet oubli et la mort, nous ne savons pas voir la différence.

Comment échapper à cette séduction du bonheur extérieur ? Nous ne connaissons qu'un seul moyen pour cela : c'est de le rapporter sans cesse à Dieu, et de le lui restituer, en quelque sorte, par le dévouement et l'esprit de sacrifice. Il faut le servir par la prospérité même qu'il nous a accordée. Sachons-lui en faire hommage tout d'abord en le bénissant avec effusion de tous les bienfaits dont il nous a comblés. Ne considérons jamais le bonheur en lui-même, mais remontons à son principe, qui est l'amour de Dieu, dont les mains paternelles se sont ouvertes pour le répandre sur nous. Soyons émus d'une tendre et filiale reconnaissance; elle dilatera notre cœur, elle sera le meilleur préservatif contre l'endurcissement de l'égoïsme, et ainsi le bonheur nous aura rapprochés de Dieu au lieu de nous éloigner de lui. Les Juifs lui offraient des sacrifices de prospérité. Que la flamme de nos holocaustes spirituels monte vers le ciel dans les jours heureux, consumant nos sentiments mesquins et personnels. Mais notre hommage à Dieu ne serait pas complet si, à la gratitude, ne se joignait la soumission : nous devons tous les jours lui offrir de nouveau notre bonheur, le déposer sur l'autel en quelque sorte, et lui dire : Tu l'as donné, il t'appartient, je suis prêt à te le rendre. En acceptant ainsi par avance les mystérieux décrets de sa volonté, en donnant à notre prospérité le sceau d'une libre offrande, nous ne courons pas le danger de recevoir d'elle des chaînes pesantes qui nous lient à la terre et aux choses périssables. Enfin, ce bonheur, il faut aussi le restituer. Ce n'est pas que Dieu ait besoin pour l'océan de ses béatitudes, de la goutte d'eau troublée que nous y pourrions porter, mais il nous demande de lui rendre le bonheur dont il nous a comblés dans la personne de nos frères, et ainsi sa charité est deux fois satisfaite en nous et en eux. La dette contractée envers Lui doit être jour à jour payée au pauvre et au malheureux, dans lequel, sous ses dehors misérables, l'œil de la foi sait reconnaître Dieu lui-même. Le bonheur ainsi compris devient un ministère, un sacerdoce de charité, et, bien loin de s'épuiser en se communiquant, il s'accroît, il se renouvelle, et il devient un moyen précieux de sanctification ; en sorte que nous sommes en droit de dire que, si la prospérité des insensés les perd, la prospérité du chrétien rejaillit sur son état moral et vient fortifier ce bonheur intérieur et immuable dont nous avons parlé.

Appliquons maintenant ces principes à la vie de famille. J'y distingue trois sortes de prospérités : celle qui résulte de la condition extérieure, celle qu'amènent les événements heureux, et aussi celle plus pure et plus enviable qui découle des affections partagées.

Nous vivons, mes frères, dans un temps où la prospérité extérieure est prisée par-dessus tout. Les grandes ambitions vont maintenant de ce côté; la passion dominante est celle de l'enrichissement. Nous entrons dans une époque où cette tendance va se développer encore dans une affligeante proportion ; nous assisterons aux lamentables triomphes du matérialisme pratique. Notre siècle est pour le moment fatigué et désabusé. Nul n'a été plus avide de grandes choses, nul n'a été plus misérablement déçu. Nul n'a été dévoré d'une soif plus ardente de gloire, de vérité, de liberté, et nul n'a été plus trompé dans tous ses désirs. Il a essayé de tout renouveler dans la littérature, dans l'art, dans la religion, dans l'ordre social. Il a entrepris ces rénovations avec enthousiasme. Il a eu l'ivresse de l'espérance confiante ; et maintenant, tristement assis sur les ruines de ses œuvres commencées et inachevées, arrivé à une vieillesse précoce, sans principes, sans convictions, insouciant de l'avenir, ou plutôt désireux de l'ignorer, parce qu'il le sait difficile et sombre, il veut jouir de l'heure présente. Et cela lui est d'autant plus facile que, dans l'ordre matériel, il a accompli de magnifiques progrès. L'homme a trouvé le secret de parler en maître aux forces les plus indomptables de la nature, et de leur dire : Faites ceci, et elles le font. En même temps nous sommes envahis par un panthéisme grossier qui se dispute la domination des esprits avec une superstition non moins grossière. Des doctrines dégradantes circulent, les principes qui semblaient définitivement acquis sont reniés, et le spiritualisme philosophique, qui pensait n'avoir plus qu'à célébrer sa victoire, doit reconnaître, avant de mourir, qu'elle était illusoire, et que le sourire qui accueillait ses froides dissertations était un sourire d'ennui et de dédain. La jeunesse lui a échappé ; elle suit d'autres maîtres, et la raison est une idole trop raffinée pour elle. Nous sommes en droit de dire qu'en dehors du christianisme rien de grand n'enflamme les cœurs. L'ennui, un pesant et universel ennui, étend son voile sur notre génération comme un de ces brouillards épais qui ternissent la terre et le ciel. La voix des poëtes se tait, ou quand elle se fait entendre, c'est pour exhaler un amer découragement. Les orateurs ne parlent plus, les philosophes ne se donnent plus la peine d'inventer des systèmes éphémères. La paix elle-même, cette paix dont nous bénissons Dieu, va rendre cet ennui plus profond et plus incurable. Dans ce grand silence d'un monde fatigué, on n'entend plus que le sifflement de la vapeur et le bruissement confus des intérêts matériels, qui s'agitent comme une mer houleuse. Y a-t-il lieu de s'étonner si l'homme de nos jours s'abandonne sans frein à ces âpres convoitises du gain, et s'il demande des compensations et des consolations à la prospérité extérieure ? Semblable au Romain de la décadence, il embellit d'autant plus au dehors son existence qu'il la sent plus vide au dedans. La passion des jouissances matérielles reparaît toujours à de telles époques. Quand cette passion se développe sur une large échelle, soyez sûrs que l'humanité est arrivée à une phase d'affaissement moral et de décrépitude. On sait que les épicuriens aimaient à prendre congé de la vie dans les pompes d'un festin. Cette forme du suicide est pratiquée en grand, pour la vie supérieure, par certaines générations ; seulement, à l'ivresse du plaisir, elles joignent l'ivresse de l'activité extérieure, la fièvre de l'enrichissement, et ainsi elles parviennent à étourdir l'âme aussi bien par la préoccupation de la richesse à acquérir que par les jouissances de la richesse acquise. Alors, mes frères, les mœurs générales reçoivent une empreinte particulière. Le niveau de la vie matérielle s'élève toujours plus haut. Le luxe gagne de proche en proche et grandit de jour en jour. Le génie artistique, que n'inspire plus une grande pensée, se met à son service et multiplie les inventions pour ajouter à son éclat. La demeure du riche est un palais où s'absorbe l'or qui pourrait suffire à nourrir des centaines de familles. Lazare n'est pas le seul ici à mourir de faim ; il y a un autre indigent non moins oublié et délaissé : c'est l'âme immortelle. On peut mesurer le mépris qu'on a pour elle à toutes ces magnificences. Ces maisons somptueuses, en devenant le temple du corps, sont devenues le tombeau de l'âme, et elle y périt. Aussi faudrait-il faire entendre sans cesse, à ceux qui les habitent, cette parole du Seigneur : « Tu dis : Je suis riche, je me suis enrichi, et je n'ai besoin de rien ; et tu ne connais pas que tu es malheureux et misérable, et pauvre et aveugle, et nu ! »

Nous ne croyons pas, mes frères, être sorti de notre sujet par les considérations que nous venons de vous présenter. Vous vivez sous les funestes influences que nous vous avons signalées, et si Dieu vous a donné la prospérité extérieure, vous y rencontrez de grandes tentations ; vous courez le danger d'être entraînés par le courant. Combien ne devez-vous pas réagir à toute heure contre les idées dominantes ! Je vous suppose riches. Partout autour de vous la richesse est glorifiée, estimée par-dessus tout. Ne serez-vous pas disposés à pactiser avec ces préjugés qui vous favorisent personnellement ? A coup sûr, si vous ne vous surveillez pas avec soin, vous tirerez vanité de votre richesse. Gardez-vous de ce piége ! Rien n'est plus indigne d'un chrétien que de donner une valeur exagérée à ces biens matériels qu'idolâtre le monde ! Si, pour une raison aussi mesquine, il s'élève au-dessus de ses frères, qu'il sache qu'il ne les a pas seulement méprisés, mais encore Jésus-Christ lui-même et l'héritage céleste. Il montre par là qu'il estime davantage son or et son argent que la vérité et le salut ; car, s'il estimait à leur prix la vérité et le salut, il dédaignerait sa richesse au lieu d'y voir un motif pour dédaigner ses frères en la foi. Ce coupable orgueil de la richesse se rencontre même dans des familles qui ne sont pas étrangères à la piété. Sans doute, en principe, nul croyant ne verra un titre de supériorité dans la prospérité extérieure ; mais rien n'est plus fréquent que l'inconséquence. De tous temps, il s'est rencontré dans l'Eglise des hommes qui, parce qu'ils étaient riches, montraient une morgue insolente, une fierté coupable, et regardaient leurs frères du haut de leur grandeur. Il s'en est rencontré même dans l'Eglise primitive, et c'est à eux que saint Jacques adressa cette sévère parole : « Que le riche s'humilie dans sa bassesse, car il passera comme la fleur de l'herbe » (Jacques I, 10). En d'autres termes, ce que vous estimez tant n'a aucun prix devant Dieu ; c'est une fleur qui passe, une herbe que l'on coupe, un néant... C'est par là que vous êtes soumis au temps et à la mort ; c'est là qu'est la bassesse de votre condition ; votre vraie grandeur est ailleurs : elle est, chez vous comme chez le pauvre, dans la foi et dans l'amour. Votre mépris pour le pauvre rejaillit sur vous-mêmes, sur votre grandeur réelle ; et, en vous glorifiant de votre richesse, vous vous glorifiez de votre bassesse, et vous oubliez ce qui est vraiment saint, grand, divin et immortel.

Il est un autre entraînement du temps auquel il faut opposer une résistance non moins courageuse : c'est le désir passionné d'accroître nos biens. Je sais que lorsqu'on est engagé dans un grand mouvement d'affaires, il est difficile de s'arrêter et de se modérer. On est entouré d'hommes qui ne pensent qu'à s'enrichir ; on est continuellement en contact avec eux ; on travaille même avec eux, et il s'agit de détourner de soi la fièvre qui les dévore, d'accomplir les mêmes choses, mais dans un esprit entièrement différent : il s'agit d'échapper à la contagion en y vivant en quelque sorte. Oh ! comment est-il possible à un riche d'entrer dans le royaume des cieux, s'il n'invoque pas l'appui de Celui qui accomplit l'impossible ! Est-il bien sûr que, parmi les croyants, tous résistent à l'amour du gain ? N'est-il pas des familles qui ne savent jamais dire : C'est assez, et qui ne voient, dans leur richesse actuelle, qu'un échelon pour en atteindre une plus grande ? Vivant dans le siècle, ont-elles réussi à se distinguer de lui ? L'avarice et la cupidité n'ont-elles pas fait invasion dans leur sein ?

Et le luxe, mes frères, l'ont-elles laissé à ceux qui vivent pour la vanité ? Nous ne vous dirons pas le point précis où il commence. Nous avons appris de l'Evangile à laisser une grande part à la conscience individuelle, et nous ne voulons pas lui épargner le soin de tirer les conclusions qui la châtient. Nous avons l'impression que le luxe a fait partout d'effrayants progrès. Si nous nous trompons, qu'on nous le pardonne. Il est des familles qui ne sont pas sans piété et qui ont adopté, à cet égard, la vaine manière de vivre du monde. Entrez dans leurs demeures, asseyez-vous à leur table, et demandez-vous où est la différence entre eux et les riches inconvertis? Quels tendres soins du corps! comme il est paré! quels savants calculs pour arriver à cette suprême élégance! comme tout est brillant, magnifique! quelles recherches minutieuses et délicates! Et c'est une âme chrétienne qui vit dans une pareille splendeur, une âme pénitente, pleurant sur ses péchés, et qui prétend n'attendre de joie complète qu'au ciel; une âme qui a accepté le commandement de la mortification! Essayez donc de redire sans ironie, dans cette somptueuse demeure, les paroles de saint Paul sur la tente terrestre qui doit être détruite, sur la maison éternelle qui n'a point été faite de main d'hommes, l'objet le plus cher de l'espérance chrétienne. Si le souvenir de tel pauvre que vous connaissez, et qui souffre non loin de là, vous saisit, vous ne pourrez en dompter l'amertume, et vous vous demanderez avec angoisse s'il est encore possible d'être disciple de Jésus-Christ en l'imitant si peu.

Nous entendons l'excuse qui monte de vos cœurs. Nous ne tenons pas, dites-vous, à ces frivolités: elles nous sont imposées par notre rang et par la coutume : nous ne pouvons nous singulariser. — Dites mieux, dites : Nous ne pouvons être chrétiens! Qu'est-ce donc qu'être chrétien, si ce n'est se singulariser? Et pourquoi le chrétien est-il dans ce monde, si ce n'est pour se sauver en s'en séparant, en s'en distinguant profondément ? Du jour où vous vous conformez au présent siècle, de ce jour-là, d'après l'Apôtre, vous cessez d'appartenir à Jésus-Christ. Qui vous dit d'ailleurs que vous deviez affecter la singularité, sortir de votre position, vous vêtir de vêtements sombres, et vivre dans une indigence prétentieuse ? Entre ces exagérations et le luxe, la distance est grande. Nous vous demandons seulement d'avoir devant les yeux l'exemple de Jésus-Christ et des apôtres, de donner toujours aux choses de l'âme la prééminence qui leur appartient, de penser constamment à cet Evangile que vous devez faire annoncer à toute créature humaine, et à ces pauvres, vos frères, que le Sauveur vous a confiés. Avec de telles préoccupations, eussiez-vous la plus colossale fortune, nous sommes tranquilles. Vous ne dépasserez pas les limites permises; vous vous interdirez le luxe comme un péché. Et si, à ces considérations, vous joignez celle de vos enfants, auxquels il est si dangereux d'inoculer des besoins factices et de donner des habitudes somptueuses, la tentation même de céder au monde sur ce point vous sera épargnée, et vous ne consentirez pas à déshonorer le sanctuaire de la famille par un sensualisme amollissant. Vous donc, qui avez été comblés des biens temporels, n'en jouissez jamais sans tremblement; l'Evangile a multiplié pour vous les avertissements sévères, il savait que votre sentier côtoyait de tous côtés l'abîme. Il ne s'est pas lassé de vous le dire, afin qu'une salutaire épouvante fût votre sauvegarde. Gardez-vous des idoles de votre siècle. N'oubliez pas que l'idolâtre devient immanquablement semblable à son dieu : en adorant l'or et l'argent, vous aurez bientôt un cœur aussi glacé, aussi insensible. Vos trésors ne seront pas seuls dévorés par la rouille et rongés par le ver; cette rouille dévorera aussi votre piété, et ce ver rongera votre âme. N'oubliez pas que Jésus-Christ a dit : « Malheur à vous, riches ! » Malheur à vous, qui voulez demeurer riches à la manière du monde. Le royaume des cieux ne s'ouvre pas aux riches, il est pour les pauvres, pour les pauvres en esprit, pauvres volontaires et intérieurs, qui sont les bienheureux de la nouvelle alliance ! Devenez donc pauvres ! devenez-le en rapportant à Dieu votre prospérité; rapportez-la-lui tous les jours. Ne vous y habituez pas; que sa durée ne vous fasse pas oublier la main qui vous a comblés, et ne trouvez pas un prétexte à l'ingratitude dans la permanence de votre prospérité. En reconnaissant qu'elle n'est pas à vous, qu'elle vient de Dieu, vous apprendrez à en user d'une manière digne de lui. Sa source vous rappellera sa destination, vous échapperez à ce stupide orgueil de la richesse que nous n'avons pas craint de flétrir, à cette fureur d'amasser qui est si coupable et si dangereuse. Devenez pauvres par le détachement intérieur, soyez toujours prêts à abandonner ces biens dès que le sacrifice vous en sera demandé. Apprenez surtout à donner ! Grande et difficile science pour celui qui possède. Faites de votre prospérité un ministère de miséricorde, un exercice de tendre charité; donnez sans vous lasser jamais, et soyez bien persuadés que le but de Dieu, en vous accordant la richesse, c'est de la faire passer par vos mains pour consoler et réjouir l'affligé. Son but n'est pas de vous accabler de biens matériels; quand il vous a accordé le nécessaire, il vous a accordé tout ce qui est désirable pour vous. S'il vous donne plus, son dessein est de se servir de votre main pour soulager les misères de l'humanité, admirable moyen de les diminuer et d'accroître en même temps les liens d'affection qui doivent unir ses enfants. Vous n'êtes pas riches pour autre chose. Vous ne nous accuserez certes pas de rabaisser votre vocation. Nous vous proposons, par ce moyen, l'entreprise la plus belle, la plus étonnante que vous ayez jamais faite. Vous avez eu de grands succès dans vos spéculations passées : avec une petite somme d'argent, vous avez acquis des sommes considérables ; eh bien, nous vous proposons plus encore : nous vous proposons, avec cet argent qui périt, de produire des biens qui ne périssent pas. Par votre générosité, vous pouvez réjouir le cœur du pauvre, que dis-je ? réjouir le cœur du Sauveur lui-même. Eussiez-vous donné des milliers et des milliers de francs, ils ne sont rien comparés à un seul mouvement de charité, à une joie de l'âme immortelle ! Qu'est-ce donc quand il s'agit de réjouir le cœur de Jésus-Christ ? Quelle disproportion entre ce que vous avez donné et ce que vous avez reçu ! Faites-vous donc des amis avec vos richesses iniques ; jamais elles ne porteront un intérêt comparable à cet intérêt éternel. Ce sera pour votre famille la plus précieuse bénédiction, l'une de ces bénédictions qui vont de génération en génération ; car on a vu souvent la plus généreuse charité se transmettre avec l'héritage. Votre prospérité aura été un sacerdoce de miséricorde, et vous montrerez au monde et à l'Eglise que le chrétien a le droit de dire avec Paul : « Je sais être pauvre, et je sais aussi être riche. » Le riche chrétien est l'égal du pauvre chrétien. Il n'est rien d'aussi admirable que la pauvreté patiente et résignée, si ce n'est le riche humble et généreux, ouvrant la main et le cœur pour donner, et se donnant lui-même ; ou plutôt la grâce de Dieu se montre admirable dans l'un comme dans l'autre. En Christ, il n'y a plus ni pauvre ni riche. Dès que Christ apparaît, tout est saint, tout est beau à la gloire du Père par le Saint-Esprit !

Nous avons surtout parlé de la richesse, mais les réflexions que nous vous avons présentées peuvent également s'appliquer à la prospérité matérielle à tous ses degrés. Quelle que soit la part qui nous en ait été accordée, sachons en bénir Dieu, la lui consacrer et la répandre sur nos frères. La plus médiocre fortune peut devenir mortelle à l'âme si l'on ne sait pas s'en servir au nom de Dieu. Le mauvais serviteur de la parabole n'avait reçu qu'un talent, et c'est ce talent qui fut l'occasion de sa perte, parce qu'il ne sut pas le faire fructifier pour son maître.

Mes frères, la prospérité, comme la douleur, a ses jours exceptionnels ; c'est même alors qu'elle se fait sentir le plus vivement. Il est quelques beaux jours dans la vie humaine, et il n'est pas de famille qui ne les ait connus. Chose admirable ! les plus grandes joies sont communes à tous les hommes. Quand ces beaux jours se lèvent dans notre vie, acceptons-les, et jouissons-en sans scrupule. Si Dieu nous les envoie, c'est que nous en avons besoin. Ces échappées de ciel nous rendent des forces, et l'épanouissement de notre âme montre qu'elle est faite originairement pour le bonheur. N'oublions pas toutefois que ces jours de bonheur ne nous laisseront que d'amers regrets, si nous ne les traversons en chrétiens. Le bonheur, qui n'est que terrestre, non-seulement est incomplet, mais encore prépare fatalement la tristesse pour le temps où il se sera évanoui. Si nous y cherchons Dieu, il nous laisse un rayon bienfaisant dans l'âme. Comment la famille chrétienne se comportera-t-elle dans l'un de ces jours bénis ? Oh ! ne pensez pas qu'elle se croira obligée de prendre un aspect morose ; elle sera paisiblement joyeuse, mais, en même temps, elle con-conviera tout le premier à la fête l'Hôte divin autour duquel elle aime à se réunir. Son bonheur serait troublé s'il n'était approuvé de Dieu. Avec quelle effusion le père de famille ne bénit-il pas l'Auteur de tout don parfait ! Combien ne lui est-il pas précieux de trouver, dans une grâce temporelle, une marque visible de la bonté de son Dieu ! Quelle profondeur dans son bonheur ! c'est la profondeur même de l'amour éternel ! Quel calme et quelle sérénité sur ses traits ! On y lit en même temps l'attendrissement et l'humiliation. En effet, le bonheur humilie le chrétien ; il s'en sent tellement indigne qu'il ne peut que verser des larmes de confusion. « Que suis-je, ô mon Dieu ! s'écrie-t-il ; que suis-je pour être ainsi comblé par toi ! » Ce sentiment qui l'accable le porte à faire part de son bonheur à ceux qui l'entourent ; il éprouve une sorte de pudeur auprès des affligés ; il désire d'autant plus les consoler. Il a aussi ses sacrifices de prospérité, et il marque ses jours heureux par de libérales offrandes.

Enfin le chrétien est modéré dans son bonheur. Il sait que, comme tout ce qui est terrestre, il va bientôt passer, et que les pleurs pourraient loger le lendemain dans sa maison. Mais cette pensée n'est pas pour lui un levain d'amertume ; elle n'est pas davantage, comme pour le poëte latin qui a chanté l'heure qui fuit, l'assaisonnement piquant de la joie qui va lui échapper. Non, c'est une pensée sérieuse qui le ramène encore à son Dieu, pour lui offrir d'avance tous les sacrifices ; c'est un motif de s'attacher à ce qui est impérissable et de mettre son cœur et son trésor dans le bienheureux séjour où triomphe Jésus-Christ.

La meilleure prospérité terrestre, est celle qui résulte des affections de famille. Dans les discours qui ont précédé celui-ci, nous vous avons montré comment ces diverses affections devaient être réglées par l'Evangile. Nous ne vous dirons qu'un seul mot sur la manière dont le bonheur qu'elles nous procurent doit être lui-même sanctifié. Je le suppose aussi complet que possible. Voici une famille tendrement unie ; la mort n'y a pas encore fait de brèche. Il n'y a pas, dans son cercle, de place vide sur laquelle l'œil humide se reporte avec une douloureuse obstination. Les paroles de notre texte pourraient-elles jamais s'appliquer à une prospérité si douce, si pure, si respectable ? Oui, mes frères, elle perdra l'insensé, et l'insensé, au sens évangélique, c'est tout homme qui ne vit pas pour Dieu. Cet homme, au sein de cette famille unie, croira n'avoir plus rien à désirer. Il s'imaginera avoir trouvé le vrai, le définitif bonheur, et il oubliera Dieu et les choses éternelles ; il oubliera que tout ce qui est humain est fragile, jusqu'au jour où quelque coup de foudre viendra le réveiller sur une tombe. Heureux alors s'il comprend que la meilleure des prospérités terrestres est sans garantie. Plus heureux s'il sent qu'il est un amour souverain qui console le cœur brisé, et qu'il n'y a pas lieu au désespoir aussi longtemps qu'on peut s'en réclamer.

Je suppose un père de famille chrétien jouissant du bonheur que nous avons décrit. Que fera-t-il ? Oh ! sans doute son cœur sera inondé d'une joie vive, mais dans un sens sa joie sera tremblante. En voyant ces têtes si chères, il se dira sans cesse que ce que Dieu lui a donné il peut le lui redemander. Il sentira qu'il ne possède rien en propre, que tout ce qu'il a est la propriété du Dieu qui donne tout ; et toutes les fois que cette pensée le traversera, il s'inclinera en esprit sous la puissante main qui frappe et qui relève, qui blesse et qui guérit. Il offrira incessamment un sacrifice d'obéissance et de résignation, et ainsi la prospérité elle-même lui fournira l'occasion constante d'immoler son cœur. Ces chances terribles qui planent sur les êtres qu'il chérit, ne lui inspireront pas une épouvante incrédule. Il aime plus que lui-même sa femme, ses enfants ; mais il aime Jésus-Christ plus que ses bien-aimés. Il n'a pas donné son cœur à la créature, et il sait que quand l'être auquel il est le plus intimement uni viendrait à lui être ravi la vie serait belle encore dans son deuil, car pour lui vivre c'est Christ.

Ces derniers mots, mes frères, m'amènent à la conclusion de ce discours. Si pour le chrétien *vivre* c'est Christ, la vie présente, où nous ne connaissons Christ qu'en partie, ne doit jamais suffire à son cœur, quelque vif éclat qu'elle reçoive de la prospérité. L'Apôtre disait, en parlant de sa mort, qu'il lui serait beaucoup meilleur d'être avec Christ, montrant ainsi que nous ne sommes en quelque sorte qu'au bord de notre salut. L'âme chrétienne est semblable à la vierge qui attend l'époux. La prospérité extérieure est pour elle comme le gage du céleste amour qu'elle possédera plus tard tout entier. Elle n'a de prix à ses yeux qu'en tant qu'elle lui rappelle Celui auquel elle appartient, et plus elle en a été comblée, plus elle doit attendre avec émotion le solennel minuit. Comment oublier l'époux sous la parure des fiançailles ? Comment ne pas soupirer de ce qu'il tarde encore ? Nous sommes appelés à mêler beaucoup de tristesse à nos joies d'ici-bas. Nous avons été appelés à la paix, mais non à la béatitude. Il est un certain type de christianisme béat qui ne veut connaître de l'Evangile que le côté consolant, et qui, sous prétexte de spiritualité, s'accommode de la félicité vulgaire de ce monde en attendant patiemment le ciel, dont il se dit assuré. La certitude du salut est pour lui un moyen de passer plus agréablement la vie terrestre, et de jouir du bonheur temporel avec plus de sécurité. Ce christianisme-là qui, dans l'Evangile, n'a oublié qu'une chose — la croix — est un christianisme abâtardi et dégénéré. Craignons, mes frères, de nous y laisser prendre et, au sein de nos plus grandes prospérités, gardons cette tristesse sacrée qui doit s'unir au bonheur du pardon. Oh ! qu'aucune félicité ne nous console d'être encore des pécheurs et d'offenser tous les jours notre Dieu, et ne nous empêche de nous écrier avec l'Apôtre : « Misérable que je suis ! Qui me délivrera de ce corps de mort ? » Qu'aucune joie temporelle ne nous fasse oublier que nous ne voyons jusqu'à présent que comme dans un miroir, et que la vérité ne sera contemplée face à face que lorsque tous les voiles de la vie présente seront tombés. Qu'aucun bonheur extérieur n'empêche notre âme de brûler du désir d'être toute à Christ, et d'aimer enfin comme elle a été aimée. Le mal n'est pas seulement en nous, il est hors de nous. Partout il éclate devant nos yeux. Gardons-nous d'en prendre jamais notre parti ; ayons ces yeux du Saint des saints qui l'ont en abomination, et que jamais aucune prospérité ne nous ôte le souvenir de cette humanité perdue, qui épouvante le ciel par ses rébellions et sa corruption. Que jamais nos chants d'allégresse ne couvrent pour nous cette lamentation des affligés qui monte incessamment vers Dieu. Dans nos jours les plus beaux, faisons monter vers Dieu ces gémissements de saint Paul brûlant d'arriver au terme de la carrière ; répandons ces larmes de compassion que Jésus-Christ versait sur le peuple infidèle. Loin de nous une prospérité étroite et égoïste ! Laissons se former dans notre âme ce soupir vers la délivrance et les mystérieuses consommations de la rédemption, que l'Apôtre retrouvait dans la nature elle-même. Montrons que les joies les plus pures et les plus vives, goûtées au sein de la famille, ne nous empêchent pas de nous sentir exilés sur la terre, et que nous ne serions pas moins exilés quand ces joies seraient centuplées. Qu'à nous voir puissamment consolés dans nos peines, mais tristes encore dans nos prospérités, on apprenne que nous avons à la fois la plus efficace des consolations et la plus ardente des aspirations, et que l'on reconnaisse que nous sommes de cette race « des étrangers et des voyageurs qui manifestent clairement qu'ils cherchent leur patrie, » tout en sachant bien qu'ils y entreront par la grâce de Jésus-Christ, et qu'ils y goûteront ce repos qui a été préparé au peuple de Dieu.

SEPTIÈME SERMON

LA FAMILLE DANS LE DEUIL

Il vaut mieux aller à une maison de deuil que d'aller à une maison de festin.

(Eccl. VII, 2.)

Mes frères,

Les jours de bonheur sont rares et courts dans la vie. C'est bien d'eux que l'on peut dire qu'ils fuient comme une ravine d'eau ou comme la barque des courriers sur le fleuve. L'Ecriture a peint dans un magnifique langage les amertumes et les tristesses de notre destinée. Perçant de leur regard profond toutes les apparences et tous les brillants mensonges sous lesquels se dérobe la vérité de notre situation, les écrivains sacrés ont été au fond de la vie humaine, et ce fond leur a semblé étrangement triste et troublé. Apportant à l'humanité une consolation toute-puissante, ils n'ont pas craint de raconter nos douleurs avec une énergie et une éloquence que personne ne saurait imiter. Rappelez-vous les nombreux psaumes où l'âme de David a épanché ses douleurs dans le sein de Dieu. Rappelez-vous les pleurs de Jérémie et la plainte de Job, qui n'est pas seulement la sienne mais la grande plainte humaine. « Je soupire avant que de manger et mes cris coulent comme des eaux. Ce que je craignais le plus m'est arrivé et ce que j'appréhendais est tombé sur moi. Pourquoi la lumière est-elle donnée au misérable et la vie à ceux qui ont le cœur outré; qui attendent la mort et elle ne vient point, et qui la recherchent plus que les trésors; qui seraient ravis de joie et qui auraient de grands transports s'ils avaient trouvé le sépulcre ? » (Job III, 24, 25, 20, 21, 22.)

On comprend que l'Ecriture s'occupe tout spécialement de la douleur, car il est nécessaire de sonder la plaie que l'on veut guérir. L'homme n'en connaît pas la profondeur; il est constamment disposé à l'oublier. Aussi faut-il le convaincre de son infortune pour l'amener à demander la délivrance. Voilà pourquoi le salut a été un mystère de souffrance en même temps qu'un mystère d'amour. La croix raconte à la fois les effroyables conséquences de la chute et les glorieux triomphes de la miséricorde divine. Le rôle de la souffrance est considérable dans la vie morale de l'homme, soit avant, soit après son retour à Dieu. C'est elle qui le poursuit dans l'inconversion et ne lui laisse aucune tranquillité dans le mal. C'est elle qui, lorsqu'il s'est donné à Dieu, creuse dans son cœur les profonds sillons où germent les semences de la vie éternelle. Il n'est donc pas étonnant qu'elle lui soit largement dispensée. « Ne vous étonnez pas, disait l'apôtre Pierre aux premiers chrétiens, si vous êtes comme dans une fournaise » (1 Pierre IV, 12). Ce serait nous étonner en effet de ce que Dieu travaille à notre purification. La douleur a donc un but divin; elle prépare notre relèvement, elle mûrit notre piété et elle donne à la vie chrétienne son couronnement et sa consécration. Cette seule pensée suffit à l'explication de notre texte. Il est facile, à ce point de vue, de comprendre que la maison de deuil est une maison de bénédiction, et qu'il vaut mieux y entrer que dans une maison de festin.

L'âme est semblable à ces plantes qui n'exhalent tous leurs parfums que lorsqu'elles ont été foulées et froissées. C'est dans les jours difficiles qu'elle donne au ciel ses fruits les plus précieux. Ils ne mûrissent que sur des branches dépouillées. Alors aussi la famille chrétienne révèle la sainteté, la grandeur de l'affection qui en unit les membres. Cette affection était déjà bien douce et bien grande aux jours du bonheur, mais quels trésors ne révèle-t-elle pas dans les sombres jours de l'affliction? Tous les sentiments acquièrent une profondeur nouvelle; on assiste en quelque sorte à la présence de Dieu. Le deuil est la grande solennité de la vie de famille.

Si je ne vous parle aujourd'hui que du deuil, ce n'est pas que je compte pour rien toutes les autres épreuves qui le précèdent ou l'accompagnent. Par le fait seul qu'elle nous procure des joies nombreuses et variées, la vie de famille entraîne après elle beaucoup d'afflictions. La maladie, la pauvreté, les revers de fortune, les rongeantes inquiétudes, les froissements douloureux, et bien d'autres causes de tristesse en viennent fréquemment troubler le cours. Mais, incontestablement, de toutes ces afflictions la plus poignante est celle que le deuil nous apporte. Qu'est-ce que la perte de la fortune, la ruine de la santé, que sont les plus grandes privations, les plus pénibles déceptions, que sont toutes ces épreuves comparées à la perte d'un membre de la famille? Quelque grandes et surnaturelles que soient les consolations chrétiennes dans ces jours funèbres, elles ne nous empêchent pas d'être brisés sous le coup de la main de Dieu. Il est dans sa volonté qu'il retentisse au plus profond de nos cœurs. Quel moment que celui où ces lèvres qui nous adressaient de si douces paroles se ferment pour jamais, où cette main qui en serrant la nôtre nous rendait le courage, est glacée, où ces traits chéris sont frappés d'une solennelle immobilité. Et cette chère dépouille on ne peut même la conserver. Il faut la conduire au lieu du repos et du silence, la voir descendre dans les ténèbres du sépulcre et rendre à la poussière ce qui en sortit, mais ce qui nous fut si précieux, et fut entouré par nous de soins si tendres. Puis à ce premier déchirement doit succéder une souffrance moins violente, mais plus pénible, ce vide, cet ennui, ce mal du pays, si l'on peut ainsi parler, qui constitue la seconde phase de l'épreuve. Il faut reprendre la vie, se mêler à ses frères, à leurs préoccupations, sous le poids d'une tristesse immense. Dans le deuil, ce qui est surtout triste et amer, ce n'est pas ce qui finit, c'est ce qui recommence. Ce n'est pas cette période où la vie est comme suspendue, où tout est exceptionnel, où l'on a le droit de se plonger tout entier dans un souvenir et de répandre toutes ses larmes. C'est la période où l'existence reprend son cours ordinaire, mais sans l'être bien-aimé qui en faisait le charme et la consolation; où il faut gravir sans lui le sentier devenu plus âpre en devenant plus solitaire. Celui qui supporte une telle affliction ne trouvera-t-il pas toutes les autres légères? Après s'être relevé de son mort, de quelle peine ne se relèvera-t-il pas? Ainsi en vous parlant du deuil dans la famille, nous vous transportons en quelque sorte au point culminant de l'épreuve, et la consolation qui suffira à une telle douleur suffira à toutes les autres. Quand Dieu a voulu résumer les souffrances, qui devaient découler du péché, il n'a prononcé qu'un seul mot. Il a dit à l'homme : « Tu mourras de mort. » Ce mot renfermait toutes les condamnations dans une seule. Celui qui a appris à supporter les amertumes du deuil a trouvé le secret du support universel et on peut être assuré qu'il acceptera sans murmure toutes les dispensations de Dieu, car il ne peut en attendre de plus douloureuses de l'avenir.

Je suppose que le deuil vient d'entrer dans une maison. Un père, un époux, ou un enfant ont été frappés. Je suppose le fait le plus ordinaire, le plus fréquent, qui s'est renouvelé sans doute plus d'une fois ce matin et qui bientôt se renouvellera dans nos demeures. La famille est réunie autour de ce lit où celui que l'on pleure a livré ses derniers combats, enduré ses dernières douleurs et laissé échapper son dernier souffle. Quel accablement à cette heure solennelle ! quels gémissements ! quels sanglots ! Ils ont tous courbé leur front jusqu'à terre, comme des roseaux sous l'orage. Qui maintenant va leur rendre des forces et essuyer leurs larmes ? Qui est capable de les consoler ? Ah ! la doctrine qui en aura le pouvoir sera une doctrine à laquelle nous donnerons notre confiance. Nous la reconnaîtrons véritable. C'est le moment de vous montrer, ô vous qui faites tant de bruit de vos systèmes et qui prétendez avoir trouvé la vérité. C'est le seul moyen qui vous soit offert de démontrer que vos prétentions sont fondées. Dans les temps prospères, elles n'ont aucune valeur et n'offrent aucune garantie ; votre rôle est trop facile alors. Il s'agit de savoir si vous serez la ressource des mauvais jours ; si vous éclairerez de vos lumières les heures sombres ; si vous serez un appui, non pas quand l'homme, ivre de sa force, n'a que faire de vous, mais quand sa main défaillante réclame un secours efficace. Si vous lui faites défaut dans les circonstances où vous lui seriez le plus nécessaires, alors votre impuissance sera manifestée ; et l'humanité, qui dans ses douleurs a besoin non de beaux discours et d'ingénieuses inventions mais de force et de consolations, vous rejettera avec indignation. Elle ne croira qu'à ceux qui la relèveront dans ses deuils. Venez donc, nous vous convoquons au bord de cette tombe qui s'ouvre. Qu'avez-vous à nous dire ? Nous vous écoutons. Parle, sagesse humaine, et montre-nous si tu vaux ici la folie de la croix.

Avez-vous entendu, mes frères, les horribles consolations du matérialisme ? Quoi ! tout ce que j'ai aimé serait là dans cette poussière, et ce que les vers vont dévorer, c'est la personne même à qui mon âme fut si étroitement liée ! Quoi ! tout est fini !... — Oui, répondent des voix toujours plus nombreuses ; car le matérialisme, qui nie franchement l'immortalité, a plus d'adhérents que jamais aujourd'hui. Je sais bien qu'il se raffine plus ou moins, et que, s'il nie l'immortalité de l'individu, il affirme l'immortalité de l'espèce. Mais, que nous fait cette immortalité trompeuse du panthéisme, dans laquelle notre personnalité disparaît. Tout n'en est pas moins fini pour celui que nous avons chéri, que nous ne reverrons plus, et qui est perdu pour nous. Et c'est une telle consolation que vous avez le courage de me présenter en ce moment déchirant ! Quoi ! je ne puis nourrir l'espérance du revoir ! Je n'ai plus qu'un souvenir, qu'une ombre, un fantôme, et cet affreux regret auquel vous me livrez. Mais alors cette tombe qui s'ouvre, c'est un abîme de désespoir; et j'y voudrais descendre immédiatement, afin d'oublier ces affections qui me tortureront désormais, et cette vie sans but, sans horizon, à laquelle Dieu, s'il en est un, a donné, dans un jour de colère, des joies trompeuses qui devaient se transformer en souffrances incurables.

Arrière de nous ces affreuses théories d'un matérialisme, hélas! trop répandu. Il est déjà bien difficile de les supporter dans la vie ordinaire; mais devant un cercueil! ah! c'en est trop!

Voici d'autres consolateurs. Ceux-là professent une trop haute admiration de la nature humaine pour l'assimiler à la brute. Ils s'en sont constitués les apologistes et les courtisans. Ils la trouvent même si parfaite, qu'ils ne veulent pas d'autres lumières que celles qu'ils lui empruntent. Ce sont ces libres penseurs qui, sous des drapeaux divers, professent les grands principes du spiritualisme. Nous ne méprisons pas la part de vérité qu'ils possèdent. Ils sont très agréables à entendre dans leurs chaires, à lire dans leurs livres. Mais il s'agit de savoir si nous les trouverons aussi forts autour de cette tombe. Quelle certitude nous apportez-vous? leur dirons-nous. Il nous faut des preuves éclatantes, irrésistibles. L'âme est-elle vraiment immortelle? Vit-elle, maintenant que rien ne trahit son existence, ni la flamme du regard, ni l'énergie de la parole, ni le sourire, ni les larmes: — Nous le pensons, nous répondent-ils; nous avons lieu de le supposer. — D'où vous vient cette confiance? — De la raison humaine. — Mais la raison humaine a bien souvent conclu dans un sens contraire. — Oui; mais, comme l'a dit Platon dans son *Phédon*, toutes les probabilités sont pour l'immortalité.

Ainsi donc, il faut nous contenter d'un peut-être, d'une supposition; tandis que la mort est là, agissant sous nos yeux, ayant pour elle toutes les apparences et nous accablant de ses réalités terribles. Mais, supposons que l'âme soit immortelle, où donc est maintenant celui que nous avons perdu? Où faut-il le chercher? Comment Dieu l'a-t-il accueilli? — Ils se taisent; car ils n'en savent rien. Ce Dieu, auquel ils n'ont pas parlé, ne leur a pas parlé. En présence des abîmes infinis de l'éternité, ils ne nous font apercevoir que quelques lueurs vacillantes qui rendent les ténèbres plus effrayantes encore. C'est en vain qu'ils disserteraient et disserteraient encore. C'est en vain qu'ils nous citeraient tous les sages de tous les siècles, et qu'ils s'entoureraient de leurs témoignages. Ils ne calmeront pas une de nos douleurs. Notre cœur a soif de certitude. Les hypothèses ingénieuses sont à leur place dans les jardins d'Académus, ou au bord de la mer bleue qui baigne Sunium. Ici, devant ce tombeau, il faut une parole souveraine, une parole de vie éternelle, qui soit plus forte que la mort; et comme jamais la sagesse humaine n'a su la faire entendre, elle aussi va se briser contre ce cercueil, quels que soient son éclat, sa gloire et sa science.

Nous mettons au défi les plus grands, les plus illustres des penseurs qui ne se sont pas inclinés devant Jésus-Christ, d'essuyer une seule de nos larmes au jour de l'affliction. Vous ne pouvez répéter notre texte, ô sages de ce monde! Contentez-vous donc de la maison du festin. Pour paraître suffisante, votre doctrine doit être accueillie dans un jour de bonheur, où il n'y ait pas lieu de la mettre à l'épreuve. Vous êtes les philosophes du beau temps; dès que le ciel s'obscurcit, votre rôle cesse. Laissez-nous la maison de deuil, où vous ne seriez que des consolateurs fâcheux. Elle appartient de droit aux disciples de Jésus-Christ, parce qu'ils y apportent autre chose que de froides dissertations. La gloire du christianisme n'éclate jamais autant que dans la maison de deuil ; aussi l'y a-t-on vu plus souvent que dans la maison de festin ; et cette préférence, que rappelle notre texte, est la meilleure preuve de sa puissance et de sa vérité.

Nous avons en effet, nous, témoins et ambassadeurs de Jésus-Christ, quelque chose de consolant et de fortifiant à dire aux affligés, et jamais il ne nous est plus précieux de rendre notre témoignage qu'au bord d'une tombe ouverte. C'est qu'aussi nous n'y faisons pas entendre notre misérable parole d'homme, mais la parole du Dieu qui nous créa et qui nous ressuscitera. Nous avons à proclamer un fait magnifique et divin qui chasse tous les doutes et dissipe toutes les obscurités. Nou avons à rappeler qu'un jour, le plus beau des jours depuis la chute, la pierre du tombeau fut roulée et l'on en vit sortir le Christ ressuscité, vainqueur de l'enfer et de la mort. Depuis qu'il y a passé l'épouvante du sépulcre a été dissipée ; car Jésus-Christ y a laissé, comme un rayon du ciel, une glorieuse espérance. Nous savons qu'il a été les prémices de ceux qui dorment ; l'humanité rachetée a ressuscité dans sa personne. Il y a ici plus qu'un raisonnement ou une dissertation : nous sommes en présence des réalités de la vie éternelle triomphant des réalités de la mort. Aussi dans ce lieu de désolation nous avons le droit d'entonner le cantique de l'Apôtre : « O mort ! où est ton aiguillon ; ô sépulcre, où est ta victoire ? » Nous pouvons dire : Celui qui croit en Christ ne mourra point ; et à ceux qui nous demandent où est l'âme immortelle, alors que le corps se réduit en poussière, nous pouvons montrer non pas l'immensité nuageuse d'un ciel inconnu, mais le séjour où règne Jésus-Christ et où vit en lui l'âme chrétienne jusqu'au jour où la résurrection consommera sa gloire. A ceux qui pleurent nous pouvons parler de cet amour du Père qui fait concourir et travailler toutes choses à notre bien, et de ces souffrances bénies qui nous préparent aux triomphes éternels. Etonnez-vous après cela que nous préférions la maison de deuil à la maison de festin. Le christianisme a raison de se tourner vers les affligés; car s'il ne se tournait pas vers eux, ils demeureraient abandonnés. Si cette consolation venait à leur manquer, il ne leur resterait que le désespoir. Il nous sera facile de vous montrer maintenant les bénédictions dont il a plu à Dieu de combler la maison de deuil.

Ces bénédictions, mes frères, elles sont pour toutes les maisons de deuil, même pour celles où Jésus-Christ n'est pas encore connu et aimé. L'ange de l'Eternel qui vient frapper nos bien-aimés n'est pas un messager de colère comme il le fut pour l'Egyptien endurci. Il apporte à l'homme inconverti lui-même un message de l'amour divin. Dieu nous aime trop pour permettre que nos maisons soient longtemps des maisons de festin, et que notre vie de famille soit un long enchaînement de prospérités non interrompues. Il veut notre cœur. Il veut le ravir au monde et à la fascination de la vie terrestre. Il aime mieux le ravir tout sanglant à ses idoles que de le laisser dans l'inconversion. Sachez-le donc, ô vous qui n'êtes pas encore chrétiens, quand la mort entre dans votre demeure, elle n'y entre pas seule. Dieu entre avec elle, et il vous adresse par votre douleur même le plus pressant et le plus émouvant des appels. Il vous voyait endormis dans votre bonheur et oublieux de l'éternité et du salut. Il a voulu vous réveiller par cette grande affliction. Vos yeux ne s'étaient jamais arrêtés sur la croix, parce qu'ils étaient éblouis par le soleil de la prospérité; il a voulu que dans votre nuit et votre détresse, cette croix vous apparût comme votre seul abri. Jésus-Christ avait vu jusqu'à présent les plus tendres invitations de son amour méprisées par vous. Vous aviez des oreilles pour ne pas entendre. Il a essayé de vous parler avec plus de force par le langage de l'épreuve. Vous ne l'aviez pas encore rencontré, parce que vous ne l'aviez pas cherché ; il y avait trop d'êtres idolâtrés entre vous et lui. Eh bien, il vous a conduits dans un lieu désert, aride ; il a fait la solitude autour de vous afin de se ménager une rencontre avec votre âme. Nous vous en supplions, écoutez-le. Aujourd'hui ou jamais ! Qui sait si vous retrouverez ce silence, ce recueillement, ce cœur brisé? Qu'est-ce donc qui agirait sur votre conscience, si ce n'est cette dispensation si sérieuse, sévère et miséricordieuse à la fois? Quel appel arriverait jusqu'à vous, si celui qui vous est adressé par cette grande douleur passait inaperçu et ne recevait pas de réponse. Quand serez-vous plus rapprochés des choses invisibles et éternelles? Quand serez-vous portés plus haut par les événements? Aujourd'hui ou jamais ! Ah ! malheur à vous, si ces jours s'écoulaient comme d'autres et s'ils ne laissaient pas de traces ; si ce grand travail de Dieu était vain ; si cet aiguillon du Seigneur était émoussé pour vous. Malheur à vous ! car s'il vaut mieux entrer dans la maison de deuil que dans la maison de festin, c'est à la condition que la maison de deuil sera devenue une maison de Dieu. S'il n'en est pas ainsi, il n'est pas de maison dont il soit plus triste de franchir le seuil ; car il y a quelque chose de pire que l'endurcissement dans le bonheur, c'est l'endurcissement dans l'affliction. La douleur féconde est pleine de consolation. C'est la pluie de la première et de l'arrière-saison qui ne tombe du ciel obscurci que pour hâter la maturité de la terre. Mais souffrir inutilement, verser des larmes qui brûlent au lieu d'arroser le cœur, se perdre au moyen de ce qui avait été accordé pour le salut de l'âme, quoi de plus affreux et de plus désespéré ? Une telle souffrance est semblable à la lave du volcan qui répand avec elle la désolation. Rien ne ressemble davantage à la réprobation.

Considérons maintenant la maison chrétienne dans le deuil. Entrons-y avec respect, car Dieu est ici. C'est vraiment un sanctuaire. Quant à moi, sous la nouvelle alliance, qui n'a pas comme l'ancienne de murs consacrés, je n'en connais pas qui m'inspire plus de recueillement. Oui, cette maison est sainte, l'affliction a été pour elle, selon le beau langage de l'Ecriture, une visitation du Seigneur. Tout ici est rempli de sa présence. Au premier coup de l'épreuve la famille s'est réfugiée sous les bras éternels. La prière, non pas la prière froide et formaliste, mais la prière véhémente dans laquelle l'âme répand toute sa détresse, s'élève vers le ciel sans interruption. Dans le tombeau qui vient de se creuser, ceux qui pleurent ont déposé toutes leurs pensées mesquines et leurs petites passions. Ils respirent un air plus pur. Ils se sentent en présence de l'éternité. La maison de deuil a vu s'ouvrir comme une large perspective sur le séjour des bienheureux. Elle est tout près du ciel. La pensée de ceux qu'elle y cherche l'y ramène sans cesse, et il semble qu'au souffle orageux de l'épreuve le voile qui cache l'invisible ait été soulevé. Le regard des affligés perce au travers, et ce qui jusqu'alors était plus ou moins vaporeux et insaisissable a pris une réalité nouvelle. La foi a grandi dans les larmes et semble en quelque mesure anticiper sur la vue. L'affliction a son Thabor sur lequel elle nous transporte, ou plutôt le Calvaire lui-même est le Thabor d'où les gloires du ciel s'aperçoivent le mieux. Rien ne nous élève plus haut qu'une douleur chrétienne. On dirait un de ces sommets de montagne, stériles et nus, où l'herbe ni la fleur ne parviennent à croître, désolés, effrayants, mais qui touchent au ciel en quelque sorte, et du haut desquels tous les objets sont aperçus dans leurs justes proportions. Les préoccupations de la gloire humaine, de la vanité, toutes les pensées frivoles et coupables, disparaissent de l'horizon éclairci et purifié. Alors on comprend quel est le but de la vie, ce qui est digne d'être poursuivi, et ce qui doit être rejeté bien loin. Alors on comprend et on aime la croix.

C'est là surtout, mes frères, ce qui rend sainte la maison de deuil. La croix y est acceptée comme elle ne le fut jamais encore. Il s'agit de renouveler la scène mystérieuse de Morija, et, comme le patriarche, d'offrir à Dieu le plus douloureux des sacrifices. Il faut accepter une dispensation qui nous accable, et l'accepter sans murmures. Ah! qui dira ce qui se passe dans l'âme, quand elle doit reconnaître que Dieu a parlé et qu'il faut se préparer à lui abandonner l'être le plus cher, le plus aimé ? Qui dira ce qu'elle éprouve quand il devient évident que l'on est vaincu dans la lutte que l'on a livrée à la maladie et à la mort, et que l'appel du Créateur à sa créature est irrévocable ! Quelle lutte intérieure ! Quel choc de sentiments contraires! Quelles fluctuations! On s'est écrié d'abord : Père, que cette coupe passe loin de moi! Mais la coupe s'approche toujours plus près de nos lèvres frémissantes. C'est décidé là-haut; il faut la boire, et il faut ajouter : Que ta volonté soit faite, et non la mienne! — Quand cette parole a retenti, quand elle a été l'écho sincère de la soumission intérieure, alors, mes frères, tout le dessein de Dieu à l'égard de la famille frappée a été accompli. Nous ne pouvons rien faire qui lui soit plus agréable que de nous soumettre. Notre vocation n'est pas tant d'accomplir de grandes choses, que d'accepter toutes les volontés de Dieu, quelles qu'elles soient. La rébellion a amené tous nos malheurs; la soumission nous fait rentrer dans l'ordre. Plus elle est profonde, sincère et douloureuse, plus elle est complète. Et quel acte de soumission est comparable à celui qui consiste à accepter la grande séparation d'avec un être chéri? N'est-ce pas alors que l'on peut dire, avec un grand chrétien : « O Dieu, je t'apporte mon cœur comme immolé? » — Prenez donc courage, ô vous qui avez été appelés à cette immolation, vous qui gémissez sous cette lourde croix. Vous accomplissez ainsi, de la manière la plus belle, votre vocation d'homme et de chrétien. Vous n'aurez pas d'occasion meilleure de montrer à Dieu votre obéissance, votre foi et votre amour. Si vous venez à hésiter dans l'offrande, souvenez-vous de ce qu'il a fait pour vous, et de ce divin Isaac, pour lequel, au jour du sacrifice, il ne s'est pas trouvé de bélier qui le remplaçât. Obéir, souffrir en obéissant, se donner sans réserve à Celui qui s'est donné tout entier, trouver bonne, agréable et parfaite la volonté qui nous dispense le deuil : c'est là notre service raisonnable; et nous ne sommes jamais plus conformes à Jésus-Christ, que quand nous devenons ainsi une même plante avec lui dans sa mort.

Jésus-Christ, mes frères, ne permet pas que nous pleurions loin de lui. Vous vous rappelez cette scène si belle et si touchante qui se passa à Béthanie après la mort de Lazare. Le Seigneur s'était retiré avec ses disciples dans une contrée déserte, au bord du Jourdain, pour se soustraire à la colère des Juifs, parce que son heure n'était pas encore venue. Tout à coup il apprend que Lazare est malade. Il sait d'avance que cette maladie sera à la mort. Il se représente cette famille affligée pleurant son chef. Malgré le péril, il n'hésite pas : il se rend à Béthanie. Marthe et Marie, plongées dans la douleur, accueillent Jésus-Christ par les manifestations de la plus profonde affliction. Que fait le Maître? Il fait trois choses : il montre les plus tendres compassions. « Et Jésus pleura. » — O saintes larmes de mon Sauveur! larmes précieuses, témoignage de ses ineffables compassions! Voilà l'Homme, le Fils de l'Homme, notre frère! En second lieu, il prononce des paroles de vie éternelle : « Ton frère ressuscitera! » Voilà le prophète, le consolateur efficace. Enfin il ressuscite Lazare; d'un mot il le rend à sa famille : voilà le Dieu!

Mes frères, il n'est pas de maison chrétienne où ne se soit passé une scène analogue. Lazare, c'est l'être bien-aimé que Dieu nous a enlevé. Marthe et Marie, c'est nous versant des pleurs. Le Maître est venu sans retard pour les essuyer. Jésus-Christ est toujours le même, hier, aujourd'hui et éternellement. Oui, il est entré dans la maison de deuil avec le même empressement qu'il mit à se rendre à Béthanie. C'était bien lui, l'ami tendre et sympathique, le frère compatissant, celui dont il a été dit : Jésus pleura, — mais c'était aussi le Dieu puissant. Nous avons senti que son cœur répondait au nôtre, qu'il frémissait au dedans de lui à la vue de notre deuil. Le divin prophète a parlé. Il ne nous a pas parlé comme un docteur au cœur sec, qui ne sait que raisonner sur le destin et prêcher la résignation du fataliste. Non, il nous a parlé comme peut parler celui qui a pleuré près du tombeau de Lazare et du cercueil du fils de la veuve ; comme celui qui a pleuré de nos larmes, qui a traversé la vie humaine, et qui en a connu et épuisé toutes les tristesses ; qui a su ce que c'était que de se séparer d'amis tendrement aimés et d'une mère. Il nous a parlé comme le Fils de l'homme, l'homme de douleurs. Il nous a dit ces paroles si douces, si persuasives, si pénétrantes, que lui seul sait adresser à nos âmes. Elles ont coulé comme un baume céleste sur nos blessures. Il a posé sa main sur nos cœurs ; il nous a fait comprendre que ce n'est pas volontiers que Dieu nous afflige ; il nous a fait pressentir les bénédictions renfermées pour nous dans ces souffrances. Il nous a dit aussi, comme à Marthe : Je suis la résurrection et la vie ; celui qui croit en moi vivra quand même il serait mort. Celui que tu pleures ressuscitera. Il a fait briller sur le tombeau à peine fermé une radieuse espérance, et sa présence a tout éclairé, tout transformé. Nous avons goûté sa divine intimité plus qu'à aucune autre époque de notre vie, et nous avons compris que celui qui possède Jésus-Christ n'a pas le droit de parler de vie dépouillée.

Il y a plus, mes frères ; dans un sens, Jésus-Christ nous rend déjà ceux que nous avons perdus. N'est-ce pas nous les rendre que de nous donner une si ferme assurance de leur résurrection ? N'est-ce pas nous les rendre que de nous les montrer avec lui dans la gloire? Nous nous sentons tout près d'eux... à cette distance de la terre au ciel que nos âmes franchissent constamment, portées par la prière ou par de pieuses aspirations. Ne vivons-nous pas en communion avec eux, même dans la vie présente? Ah! nous n'avons pas besoin, pour recommencer la vie après le deuil, de chercher à échapper par l'oubli à l'amertume de nos regrets! L'oubli est comme une seconde mort pour ceux que nous avons aimés. C'est aussi une mort pour nous, puisque leur souvenir ne peut s'affaiblir sans que notre cœur s'appauvrisse. Nous ne voulons pas de cette consolation, plus triste que la tristesse qu'elle prétend guérir. Nous pouvons recommencer la vie avec ceux que Dieu nous a redemandés. Il y a comme un retour spirituel de nos bien-aimés au milieu de nous après le grand déchirement. Leur pensée n'a rien d'amer pour nous. Bien loin de la bannir, nous la conservons fidèlement. Elle nous détache de la terre et nous attache au ciel; elle nous fait entrer par anticipation dans la société de ces bienheureux, où notre place est assurée par le sang de la croix.

Oui, mes frères, nous marchons environnés de la pensée de ceux qui nous attendent près de Dieu. Ils sont entrés dans cette nuée de témoins qui, d'après la belle expression de l'épître aux Hébreux, semble rapprocher dans une communion mystérieuse l'Eglise invisible de l'Eglise visible. Le souvenir des grands serviteurs de Dieu que nous avons connus, de ces hommes qui ont combattu le combat de la vérité avec puissance et avec humilité, comme le souvenir tendre et pieux des êtres qui nous furent plus intimement unis, plane au-dessus de nous. Semblable à la nuée qui accompagnait Israël au désert, cette nuée de nos frères glorifiés nous accompagne, nous éclaire, nous encourage. Ainsi la famille chrétienne demeure étroitement unie, même quand la mort l'a frappée. Elle n'est pas séparée de ceux qu'elle a perdus, et l'affliction a resserré les liens des membres qui sont demeurés sur la terre. Elle en a reçu comme un indestructible ciment et une consécration nouvelle.

Ne croyez pas toutefois, mes frères, que même pour la famille chrétienne l'affliction n'ait pas ses tentations. Ce serait peu connaître les ruses et les détours du cœur humain que l'Ecriture appelle désespérément malin. Où le péché ne trouve-t-il pas sa pâture ? Une grande douleur nous met en lumière et attire sur nous l'attention en même temps qu'elle provoque la sympathie bien naturelle de nos frères. Si nous ne nous surveillons scrupuleusement, notre cœur tout brisé qu'il soit trouvera une satisfaction coupable dans la grandeur même de l'épreuve et dans la sensation qu'elle produit autour de nous. Qui sait si nous ne finirons pas par faire de notre deuil une parure de notre orgueil ? S'il en était ainsi, mes frères, nous perdrions tous les fruits de l'affliction. On les recueille dans le silence et l'humilité sous le regard de Dieu. Il ne faut pas perdre un seul des avertissements qu'il nous adresse dans ces jours de tristesse et de bénédictions. Il nous invite à la retraite, au recueillement et surtout au dépouillement intérieur. Il ne nous dépouille au dehors que pour mieux nous dépouiller au dedans et pour aider ce travail de la mortification chrétienne à la fois si difficile et si nécessaire. L'affliction est destinée à porter les grands coups à notre nature mauvaise, ces coups mortels et décisifs que notre main hésitait à frapper. N'allons pas faire échouer ce dessein de la miséricorde divine en nous glorifiant de nos douleurs et en tournant au profit de notre orgueil ce qui était destiné à l'abattre tout à fait. Que notre âme ne se vide pas en paroles, et qu'elle se souvienne qu'il est des choses que l'on ne doit dire qu'à Dieu. Que la maison de deuil soit une maison d'humiliation et alors tous les piéges seront évités et toutes les bénédictions réalisées. Dieu veuille, mes bien-aimés frères, quand notre heure aura sonné, cette heure solennelle du plus douloureux sacrifice, nous donner un deuil vraiment chrétien. Nous sommes assurés que quand nous aurons passé de ce monde de combats et de souffrances dans le séjour de la paix et de l'amour, quand nous moissonnerons avec chant de triomphe ce que nous aurons semé avec larmes, — dans cette appréciation définitive de notre vie qui nous sera alors possible et qui, de si haut, sera d'une parfaite vérité, — ce seront nos jours de crucifixion et de dépouillement qui nous paraîtront les plus bénis. Notre pensée se reportera avec gratitude non pas sur la maison de festin, mais sur la maison de deuil. C'est dans le ciel seulement que nous comprendrons tout à fait notre texte, et c'est quand nous aurons goûté la consolation qui enlève tous les maux que nous donnerons toute leur portée à ces paroles de Jésus-Christ : « Heureux ceux qui pleurent, car ils seront consolés. » Oui, ils le seront dans le sein de Dieu. Il n'y aura plus là de deuil, de péché, de ténèbres. Il sera lui-même leur lumière et leur joie. Ah ! souffrons sans murmures ! il en vaut la peine pour régner avec Christ.

Il resterait, mes frères, après vous avoir montré la famille dans le deuil, à vous la montrer dans la gloire.

Nous touchons ici à de grands mystères. Toutefois, qu'il nous soit permis de dire que nous croyons à la permanence de la famille dans le ciel, c'est-à-dire dans cette vie renouvelée et sainte que Dieu nous destine dans un monde où tout sera paix et harmonie. Sans doute, elle sera transformée, puisqu'elle sera glorifiée. Il en sera d'elle comme de tout notre être. Ce qui aura été corruptible renaîtra incorruptible. A la forme terrestre, si imparfaite, succédera la forme céleste ; mais l'essence même de la famille subsistera. Il me suffit de savoir que notre individualité persiste, et avec elle le souvenir de la terre, pour être assuré que le lien plus spécial qui a uni les compagnons du même voyage ici-bas se retrouvera là-haut pur de tout égoïsme et de tout mélange coupable. N'oublions pas que l'amour de Dieu est à la fois universel et spécial. Ne nous imaginons pas qu'il y ait un degré de perfection exceptionnel dans un amour indéfini plutôt qu'immense, et qui ne connaît ni nuances ni diversité. Comment serait-il possible que ceux qui furent étroitement unis dans la vie présente par la volonté de Dieu, qui portèrent la même croix, qui connurent l'intimité chrétienne dans ce qu'elle a de plus doux, ne continuassent pas ces relations si saintes dans la patrie céleste ? N'établissons pas de contraste trop absolu entre la vie chrétienne et la vie éternelle. N'avons-nous pas déjà dans une certaine mesure la vie éternelle ? Ne l'avons-nous pas en substance ? Jésus-Christ la possédait dans sa plénitude par sa sainteté. Il a vécu de la vie du ciel sur la terre. Et pourtant, tout en aimant l'humanité entière, il a eu ses amis, et parmi ses amis un disciple de son choix, ce saint Jean qui s'est appelé *le disciple que Jésus aimait*. Il ne m'en faut pas davantage pour croire à la permanence de la famille chrétienne et de ses affections. C'est entre l'enfer et le séjour des bienheureux qu'il y a un grand abîme d'après l'Evangile, mais il n'est pas d'abîme entre la terre rachetée et le ciel. La vie du ciel a commencé pour nous, et si nous étions meilleurs chrétiens, nous le sentirions davantage. Vous ne vous trompez donc pas, ô vous qui dans la séparation, pensez avec bonheur au revoir à la droite de Dieu. Cette espérance si douce à vos cœurs est légitime, pourvu, toutefois, que la créature n'occupe pas pour vous la première place dans les perspectives de l'avenir, et que votre désir du ciel ne soit pas avant tout le désir de retrouver ceux que vous aimiez sur la terre. S'il en est ainsi, sous prétexte de tendre au ciel, vous nourrissez des sentiments coupables et terrestres ; car le ciel n'est pas seulement un séjour lumineux, c'est un lieu saint, c'est le séjour où l'ordre est pleinement rétabli, où Dieu règne absolument sur les cœurs. Celui qui a cette assurance en lui se purifie comme lui-même est pur.

Nous avons terminé ces prédications sur la famille. Nous vous l'avons montrée sous ses aspects divers, et nous nous sommes efforcé de vous apprendre ce qu'elle doit devenir d'après l'Evangile. Dieu veuille que quelque impression sérieuse persiste dans vos cœurs, en sorte que vous entrepreniez sans retard la réforme de vos familles avec le secours de Jésus-Christ. N'oubliez pas que telles seront nos familles, telles seront nos Eglises. Il ne nous est pas permis de travailler au bien de l'Eglise en négligeant le bien spirituel de nos familles. Ce serait bouleverser la hiérarchie des devoirs. D'ailleurs, l'influence de la famille chrétienne s'étend au loin. Elle présente le christianisme dans sa totalité, en le montrant dans un ensemble de relations sanctifiées. Son influence est d'autant plus grande, qu'elle est plus pénétrante. C'est comme un parfum salubre qui se répand dans l'air. Dans les premiers temps de l'Eglise, la famille chrétienne a rempli d'admiration le monde païen. Il s'est arrêté devant elle, car il n'avait jamais rien vu de semblable. Soyez sûrs que notre siècle léger et frivole s'arrêterait lui-même devant elle, s'il la voyait reparaître aussi remplie de l'Esprit de Jésus-Christ qu'elle le fut autrefois. Ce n'est pas tant par des moyens extraordinaires qu'on le saisira. Il ne sera pas atteint par un type de piété qui s'élèverait au-dessus de la famille et sortirait des conditions habituelles de la vie humaine. Ce qui est exceptionnel est regardé comme inimitable ; on le considère comme une curiosité excentrique sans se croire tenu de le réaliser. Mais quand les hommes du monde voient lé principe évangélique renouveler le cœur dans les rapports ordinaires de la vie, quand ils voient le christianisme accomplir ses merveilles dans le cadre de la famille, alors ils comprennent que la sainteté n'est ni le monopole d'une caste ni une bizarrerie, mais qu'elle est une obligation universelle.

Montrons au monde des familles chrétiennes, et soyons bien persuadés qu'il n'est pas de moyen plus efficace d'accomplir la mission qui nous a été confiée. Oh ! que Dieu qui a fondé la famille aux premiers jours du monde, et qui l'a régénérée par Jésus-Christ, lui rende parmi nous toute sa beauté, en lui rendant toute sa sainteté par sa grâce toute-puissante.

TABLE

Paris. — Typ. de Ch. Meyrueis et Ce, rue des Grès, 11. — 1857.

www.ingramcontent.com/pod-product-compliance
Lightning Source LLC
LaVergne TN
LVHW020019170826
845678LV00001B/56

* 9 7 8 2 3 2 9 7 9 1 7 3 9 *